一本书学会公务礼仪

胡线勤　刘雅琳◎主编

人民日报出版社
北京

图书在版编目（CIP）数据

一本书学会公务礼仪 / 胡线勤，刘雅琳主编． 北京：人民日报出版社，2024.10． -- ISBN 978-7-5115-8449-6

Ⅰ.K891.26

中国国家版本馆 CIP 数据核字第 20241RW433 号

书　　名	一本书学会公务礼仪
	YIBENSHU XUEHUI GONGWU LIYI
作　　者	胡线勤　刘雅琳
出 版 人	刘华新
责任编辑	周海燕
封面设计	元泰书装
出版发行	人民日报出版社
社　　址	北京金台西路 2 号
邮政编码	100733
发行热线	（010）65369509　65369527　65369846　65363528
邮购热线	（010）65369530　65363527
编辑热线	（010）65369518
网　　址	www.peopledailypress.com
经　　销	新华书店
印　　刷	大厂回族自治县彩虹印刷有限公司
法律顾问	北京科宇律师事务所　（010）83622312
开　　本	710mm×1000mm　　1/16
字　　数	252 千字
印　　张	17
版　　次	2024 年 12 月第 1 版
印　　次	2025 年 7 月第 2 次印刷
书　　号	ISBN 978-7-5115-8449-6
定　　价	58.00 元

如有印刷质量问题，请与本社调换，电话：（010）65369463

本书编委会

主　任：吴恒权

主　编：胡线勤　刘雅琳

副主编：张志强　纪筱安

成　员：李荣建　姚治兰　冉秋霞　郑跃成　龚佳丽
　　　　张钰婷　樊　昕　呼　豹

序言

促进中华民族礼仪文化健康发展

中华礼仪，国之瑰宝。

礼仪是一种礼节和仪式，更是一种文化行为修养。人民日报社高级编辑、中国报业协会副秘书长胡线勤，长期学习研究礼仪文化，又协同全国礼仪学专家、《北京联合大学报》主编刘雅琳教授，以及《中国大百科全书》第三版中《现代礼仪》的主要编纂团队，出版《一本书学会公务礼仪》一书，对于提高我国国民文明素养、促进社会和谐进步、增进中外文化交流发展，将发挥积极作用。

提升社会文明程度是我国"十四五"时期经济社会发展的主要目标之一。习近平总书记指出，"礼仪是宣示价值观、教化人民的有效方式"。礼仪作为一种制度规范和价值载体，具有成风化人的教化功能。努力实现社会文明进步的新目标，需要积极推进礼仪教育，促进礼仪文化健康发展，不断提升人民群众文明素养，推动全社会形成适应新时代要求的思想观念、精神面貌、文明风尚、行为规范。

礼仪是人类社会行为的基本规范，承载着丰富的文化内涵和社会价值，在人际交流、社会生活的各个方面发挥着重要作用。长期以来，党和政府，以及人民团体和社会组织不断探索文明礼仪规范，形成了一系列中国特色社会主义礼仪制度，培育社会主义核心价值观，为中国革命、建设、改革发展作出了积极贡献，形成了中国共产党人精神谱系，推进了新时代精神文明建设健康发展，汇聚了中华民族的磅礴力量。许多礼仪已写进了党章和国家法规，还有一些礼仪随着人民群众的实践不断探索、完善，形成了中国特色社会礼仪制度体系。公职人员应当深入学习研究中国特色礼仪制度内涵，广泛传播内在价值、精神实质、表现方式，努力成为中国特色社会主义礼仪制度、行为规范的实践者、示范者。

公务礼仪作为一种特殊的礼仪形式，是党和国家机关、企事业单位工作人员在公务活动中必不可少的一种行为规范。随着社会的发展进步，公务礼仪不仅是一种外在行为的表现，更是一种重要的沟通工具和交流方式。在现代社会中，公务礼仪的重要性愈发凸显。

公务礼仪有助于维护社会秩序和文明风尚。在公务活动中，遵守礼仪规范可以有效地减少冲突和误解，提高工作效率。公务礼仪的规范化操作，可以使工作流程更加顺畅，减少因人为原因引起的纷争和矛盾。

公务礼仪有助于树立良好的形象和信誉。在公务场合，一个人的仪态举止往往能展示一个人的涵养和素质，反映一个机关或单位的管理和形象。良好的公务礼仪可以展现一个人的素养，树立更加专业、自信的形象，从而提高自身的公信力和影响力。

公务礼仪有助于传承和发展传统文化。作为中华民族的瑰宝，优秀的传统文化是我们民族的精神支柱和文明基石。在新时代，要更好地传承和发展传统文化，更需要通过公务礼仪的规范和实践来弘扬传统的美德和社会主义核心价值观念，推进现代社会的健康发展。

当今时代，面对世界百年未有之大变局，公务礼仪的重要性越来越被认同，也越来越明显地成为新时代必备的素养。无论是在党政机关、企事业单位，还是在公务社交场合，遵循公务礼仪的规范都是一种必然的要求。

本书以讲故事的形式，旨在通过对公务礼仪的深入研究和归纳总结，为广大读者提供一本通俗易懂、情理相融、求真务实、简洁实用的指引，可以帮助人们更好地理解和遵守公务礼仪，提升自身形象和素养。希望读者能够通过阅读本书受益，进一步提高自身的公务礼仪修养，为中华民族礼仪文化的繁荣发展作出新的贡献。

是为序。

吴恒权
2024年5月10日

（作者系中共中央宣传部原副部长，人民日报社原总编辑，第四届中国报业协会会长，中共十七大代表，十一届全国人大代表，政协第十二届全国委员会常务委员）

前言

首先，衷心感谢您在浩如烟海的典籍中翻阅此书，我们相信您的真诚一定能有所收获。

中国，这个拥有五千年历史的古国，自古以来就被誉为"礼仪之邦"。这一美誉不仅体现了我们中华民族深厚的文化底蕴，也彰显了我们在社会交往中对礼仪规范的重视与追求。当今时代，随着国家行政体系的不断完善和国际化程度的提高，公务礼仪作为国家公务人员以及公务活动相关从业者在从事公务活动、执行公共事务中必须遵守的行为规范，其重要性愈发凸显。

《一本书学会公务礼仪》正是在此背景下应运而生的。本书由《中国大百科全书》第三版中《现代礼仪》的主要编纂团队倾力打造，旨在为广大公务人员、企事业单位人员及相关从业者提供一本全面、系统、实用的公务礼仪指南。

本书分十二讲，以故事形式汇集100多个知识点。我们精心选取各类鲜活生动的案例，力求将复杂的公务礼仪知识以通俗易懂的方式呈现给读者。同时，充分考虑不同行业、不同职级、不同年龄段读者的需求，力求使本书具有广泛的适用性和实用性。

在撰写过程中，我们始终坚持以下原则：

一是提高站位。作为公务人员，首先要坚定政治立场，忠于祖国，维护国家利益和形象。讲述公务礼仪中，始终强调政治站位，遵守中央八项规定，引导读者树立正确的价值观和世界观。

二是突出实用。注重理论与实践相结合，通过大量实际案例解析，突出实用易操作，使读者能够更快地掌握公务礼仪的精髓和要点。同时，我们针对公务人员在日常工作中经常遇到的问题，提出切实可行的解决方案和建议。

三是系统连贯。章节安排上注重知识的连贯性和系统性，使读者能够逐步深入理解公务礼仪的内涵和外延，并且通过章节之间的逻辑关联，引导读者形成完整的礼仪知识体系。

四是简洁易学。力求用简洁明了的语言阐述复杂的公务礼仪知识，阅读过程中不会让读者感到枯燥和晦涩。注重语言的规范性和准确性，确保读者能够正确理解和应用所学知识。本书强调实用性和可操作性，尽可能简化步骤和流程，使读者能够轻松掌握和应用所学知识。在此基础上，启发引导人们摒弃生搬硬套，鼓励结合实际不断探索和创新，形成自己独特的风格和方法。

《一本书学会公务礼仪》是一本集体智慧的结晶。本书参编人员：第一讲由《北京联合大学报》主编、教授刘雅琳和独立学者郑跃成撰写，第二讲由北京开放大学副教授龚佳丽和郑跃成撰写，第三讲由西北师范大学博士研究生张钰婷撰写，第四讲由中国报业协会副秘书长、人民日报社高级记者胡线勤和兰州城市学院教授冉秋霞撰写，第五讲由吕梁电视台呼豹和首都体育学院教授姚治兰撰写，第六、七讲由北京德慧教育集团专家委员会主任、国家二级心理咨询师张志强撰写，第八讲由北京职业礼仪研究会副秘书长纪筱安撰写，第九讲由胡线勤撰写，第十讲和十一讲由刘雅琳撰写，第十二讲由湖北朗诵协会副会长樊昕和武汉大学教授、湖北礼仪学会会长李荣建撰写。为了更加直观地展示内容，我们又增加了图片加以补充说明。这些图片，虽然从礼仪模特的角度去衡量还不尽完美，但从人物表现更加自然、更加真实地贴近公务人员的生活和工作场景中的礼仪规范角度可以参考。

我们真诚希望通过出版此书，能够为广大公务人员及企事业单位公务活动提供有益的帮助和指导，共同推动公务礼仪工作效率的提升和形象塑造的强化。真诚期待读者在阅读过程中能够不断实践，将所学知识转化为自己的实际行动和能力。

当然，尽管我们写作团队力求为读者献上一本全面、准确、实用的公务礼仪指南，但囿于水平和阅历，有些主题难免有疏漏，只作为一种研究问题的思路和参考，不当之处，敬请批评指正。

目录

第一讲　礼仪概念释义

第一节　公务礼仪基本概念　2
第二节　公务礼仪原则　4
第三节　公务礼仪特征　6
第四节　公务礼仪作用　8
第五节　公务礼仪重要性　10

第二讲　公务形象礼仪

第一节　打造亲和公务形象　14
第二节　仪容礼仪　19
第三节　仪态礼仪　22
第四节　手势礼仪　29
第五节　服饰礼仪　33

第三讲　公务行为礼仪

第一节　做行为举止端庄的公务人员　38
第二节　电梯礼仪　42

1

第三节	握手礼仪	45
第四节	介绍礼仪	49
第五节	名片礼仪	53

第四讲　公务沟通礼仪

第一节	搭建和谐公务沟通关系	58
第二节	与上级沟通礼仪	62
第三节	与平级沟通礼仪	67
第四节	与下级沟通礼仪	70
第五节	跨部门沟通礼仪	73
第六节	与群众沟通礼仪	76

第五讲　公务会议礼仪

第一节	会议类型划分	80
第二节	会议筹备礼仪	85
第三节	公务会议接待礼仪	90
第四节	公务会议主持礼仪	94
第五节	公务人员参会礼仪	99

第六讲　公务办公礼仪

第一节	公务称谓礼仪	104
第二节	公务接待礼仪	108
第三节	公务拜访礼仪	111
第四节	公务洽谈礼仪	114
第五节	公务用餐礼仪	117

第七讲　公务活动礼仪

第一节　公务调研礼仪 — 126
第二节　公务参观礼仪 — 131
第三节　公务汇报礼仪 — 135
第四节　公务签约礼仪 — 139
第五节　公务祭奠礼仪 — 143

第八讲　公务位序礼仪

第一节　引导位序礼仪 — 148
第二节　行进位序礼仪 — 152
第三节　会议位序礼仪 — 156
第四节　合影位序礼仪 — 166
第五节　交通位序礼仪 — 170

第九讲　公务媒介礼仪

第一节　公务网络礼仪 — 178
第二节　公务电话礼仪 — 182
第三节　微信QQ礼仪 — 187
第四节　电子邮件传真礼仪 — 191
第五节　新闻发布会礼仪 — 194

第十讲　公务传统礼仪

第一节　拱手礼仪 — 200
第二节　鞠躬礼仪 — 204

第三节	合十礼	209
第四节	传统婚嫁礼仪	212
第五节	吊唁礼仪	218

第十一讲　公务人员社交与家庭礼仪

第一节	公务人员社交与家庭礼仪	224
第二节	公务人员社交礼仪	227
第三节	公务人员社交礼仪"五不"原则	230
第四节	公务人员家庭教育礼仪	233
第五节	公务人员家庭关系礼仪	235

第十二讲　公务涉外礼仪

第一节	"外事无小事"	240
第二节	涉外礼仪的基本原则	243
第三节	公务外事接待礼仪	248
第四节	公务出国访问礼仪	252

| 后　记 | | 259 |

第一讲　礼仪概念释义

导语： 礼仪，是中国传统文化宝库中一颗璀璨的明珠，也是全人类宝贵的精神财富。其内容丰富多彩，历史源远流长。

中国号称礼仪之邦，自古至今，中华民族一直有着重礼、学礼、守礼的优良传统，无论是在生活中还是在工作中，无论是在军事上还是在政治上，都非常注重礼仪。孔子认为"不学礼，无以立"。荀子曰："人无礼则不生，事无礼则不成，国家无礼则不宁。"当今社会，历届党和国家领导人也都高度重视国民的文明礼仪建设。

礼仪素养是人们最重要最直观的素质，是给人第一印象的第一信号，是直接影响我们人生成败的重要因素，也是直接影响一个单位、一个组织、一个区域，乃至一个国家的形象与尊严的重要因素。无论在社交场合还是在外交场合，无论是商务场合还是公务场合，莫不如此。同时，一个国家或一个地区，其公民的礼仪素养也直接影响到其社会和谐与稳定以及经济的繁荣与发展。

第一节　公务礼仪基本概念

礼仪是人们体现尊重、敬畏、友好、祈求、庆贺等情感和态度的各种惯用形式和行为规范。

公务礼仪也称政务礼仪，是国家公务人员在从事公务活动、执行国家公务过程中必须遵循的礼仪规范。

中国礼仪，源于祭祀，随着社会发展不断演变。从西周初期的礼乐制度及我国第一部礼仪著作《周礼》诞生，《周礼》中的"五礼"奠定了政务礼仪的基石。

到春秋战国开始，以孔孟为代表的儒家思想逐渐形成一套较为完善的礼仪制度，具有了比较鲜明的政务礼仪特征；辛亥革命后，这些礼制部分也被慢慢废除，又因西方礼仪文化的渗入，到民国时期颁布一系列公务员管理制度，进一步规范了公务员的行为规范，现代公务礼仪基本形成。

新中国成立后，尤其是党的十一届三中全会以后，随着国家对外交流和国际合作的大力开展，公务礼仪得到了进一步发展；党的十八大以来，中央又出台多部涉及公务人员行为规范的文件，让公务礼仪走上了制度化、规范化建设的新阶段。

从上述发展历程可以看出，公务礼仪大致经过这些重要时间节点的演变过程。那么，公务礼仪又有哪些具体内涵？

一、公务礼仪适用范围

公务礼仪的适用对象是每一位国家公务人员，包括以公务人员管理制度为参照的国家机关、军队、企事业单位及社会团体的相关工作人员等。公务礼仪适用于相关人员履行自己职责的整个过程。

二、公务礼仪内核思想

公务人员要坚定政治方向，坚定忠于宪法、忠于国家、忠于人民，勤政为民，清正廉洁，团结协作，品行端正，提升国家行政机关的工作效率，提升国家行政机关的国际形象和国家公务人员的个人形象。

三、公务礼仪基本特点

一是公务礼仪关系到国家和政府形象，具有严肃性和庄重性。二是公务礼仪具有很强的系统性和规范性，政府或相关部门针对不同类型的公务活动或公务场合，通常有较为系统和明确的行为规范和准则。三是公务礼仪作为礼仪的一种形式，也具有礼仪的共同特征。比如，现代礼仪的内在精神是体现人与人之间平等互敬，尊人与自尊，同样适用于公务礼仪。尽管公务人员在行政和职务关系上有上下级之分，但在人格上是平等的，同样需要彼此尊重。四是公务礼仪除必须遵循的政策法规、行政命令、公务纪律等行为规范作为刚性约束外，也包括一些非强制的道德约束和礼仪规范作为柔性约束，这些柔性约束在实践操作上具有一定的弹性空间。在具体实践中，公务礼仪提倡"尊重规范、体现个性"。公务人员在执行公务时，不仅要区分对象和场合，也应体现出自己的内在精神和个性特点。比如，在一些正式的公务场合，公务人员需要体现和突出活动的严肃性、庄重性和规范性；在面对基层群众时，则应不拘形式，灵活亲切，避免打官腔，让老百姓觉得高高在上，难以接近。

四、公务礼仪类型范围

公务礼仪覆盖的范围很广，从活动性质角度，包括公务迎送礼仪、拜访接待礼仪、公务会议礼仪、公务谈判礼仪、公务宴会礼仪等；从个体形象角度，包括公务着装礼仪、公务配饰礼仪、公务仪容礼仪、公务发型礼仪、公务交谈和用语礼仪等。

第二节　公务礼仪原则

有人会问，为什么中国的公务礼仪有这么多的约束和要求？这是因为我们中国人一直奉行知书达理、温文尔雅的信念，无论走到哪里，都会给人带来一种特别和谐、融洽的感觉。因此中国素有"礼仪之邦"这一世界性的赞誉。那么，公务礼仪的基本原则是什么？

一、政治性原则

新时代党员干部要政治立场坚定，要保持高度的政治觉悟，公务人员要在党的领导下开展工作，特别是有些公务人员要专门从事政治性的相关工作，所以，公务礼仪也一贯坚持政治性原则。公务礼仪践行的内容要符合国家的政治立场和政治目标，与国家政治立场和政治目标不相符的均应杜绝。

二、尊重原则

平等是现代文明的重要特征，而礼仪核心的内容就是尊重，这也是现代公务礼仪必须遵守的重要原则。礼仪最原始最主要的目的就是表达敬意，作为国家公务人员，不管是在工作中，还是在其他场合，无论对方是上级，还是普通群众，不能对人对事分三六九等，都应予以平等的尊重。

当然，在尊重他人的同时，还应尊重自己，言谈举止应落落大方，态度不卑不亢，用自己的公务形象赢得他人的尊重，既不可毫无尊严，也不可妄自菲薄。这样才能更好地维护国家的形象和自身的尊严。

三、真诚原则

"首问责任制"是国家行政机关多年来一直坚持的为民办事理念。做真诚的人，始终表里如一，是对他人也是对自己负责任的态度。

如工作过程中，遇到来访者咨询，当自己又不清楚答案时，首先应礼貌地向来访者道歉，告诉对方到什么部门咨询。而不是以一个简单的"不清楚"或"不知道"推脱了事。也可以礼貌地回答来访者："请您稍等，我询问后马上回复您。"这种真诚服务群众的态度，可以为国家公务人员树立良好的形象，改善干群关系，推进人民满意的服务型政府建设。

四、守信原则

作为公务人员,必须信守诺言和约定,不失信,不欺诈。除不可抗力的因素外,不可随意废除、改变或不履行诺言和约定。不论对方是普通的人民群众,还是自己的同事或上级领导,答应对方的事情,一定要做到做好。这样才能使人民群众更加信任我们、信任国家,更好地树立自身形象,维护国家形象和公信力。

五、适度原则

公务交往要掌握好适度原则,把握好分寸。如果过于热情,会让人难以接受;过于矜持,又会让人敬而远之。

如在公务场合,女士应化淡妆。如果浓妆艳抹,就会与庄重、严肃的场合格格不入,与自己的身份不符。

掌握适度原则,是寻找公务交往中最佳切合点的过程。要合乎规范,要讲究交往技巧,过分与不到位都可能造成失礼,不能准确表达礼仪的内涵。

六、纪律原则

在其他礼仪中,如商务、社交礼仪等,可能会有客户、友人进行礼品馈赠和宴请等,这种行为也不为过。但公务礼仪则不同,公务礼仪当中的馈赠和宴请切忌铺张浪费、越权逾矩,只有在特殊情况下,且涉及金额不超过相关规定的范围,才可谨慎进行。

例如,作为领导干部应邀参加活动,主办方可能会向所有客人赠送纪念品以表示尊重和感谢。这时就要注意,如果纪念品是很便宜的东西,如一支普通的钢笔或公文包,可以谨慎接受。如果纪念品比较贵重,如名表、名酒、贵金属纪念币等,不宜接受,接受这些东西往往会涉嫌受贿、违纪违法,甚至构成犯罪,不符合现代文明社会的公务礼仪和国家法律法规。

七、对等和宽容原则

对等原则是指在公务活动中,双方所施之礼应该大致相当。如接待的规格、出席的人员等,否则,有失礼之嫌。宽容原则是指如果对方个别细节没有注意到造成失礼,我们应本着宽容谅解他人之心,不必斤斤计较,事后适当提醒即可。

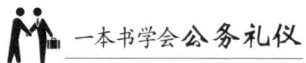

第三节 公务礼仪特征

国家公务人员的特殊地位、重要作用及对社会的影响力,决定了公务礼仪有别于其他礼仪的不同特征。

一、政治性特征

政治觉悟是人们在政治生活实践中领悟政治问题、明辨政治是非的能力和水平。国家公务人员作为行使公权力的公职人员,要自觉接受中国共产党的领导,要坚持共产党人价值观,不断坚定和提高政治觉悟。因此,公务人员在践行礼仪的内容上要符合国家的政治立场和政治目标,如与国家政治立场和政治目标不符合的礼仪内容,均不可出现。

二、服务性特征

国家所有公务活动的目的,都是为广大人民群众的利益服务,即"以人民为中心"。而公务礼仪的宗旨就是让公务人员更好地为广大人民群众服务。因此,公务礼仪具有鲜明的服务性。

三、变化性特征

我们都知道古代见面或接待礼仪中,常常会作揖,拱手高举,自上而下,顿首叩地。显然,这种礼仪不适宜当今社会的发展,现代见面礼仪一般已变成握手或简短的问候。

由此可以看出,礼仪不是一成不变的。它是随着社会的发展而不断变化的,这样才能适合人际交往需要,适合社会发展需要。

四、传承性特征

中华民族5000多年的历史,孕育出了灿烂的礼仪文化。我们是礼仪文化的创造者、传承者,更要将礼仪文化发扬光大,公务人员要争当礼仪文化传承的带头人。

中国传统礼仪文化作为国学的精华,最早可追溯至西周,与道德融合在一起,经过千百年的传承与发展,深深作用于中国社会。公务礼仪作为礼仪的一种,吸收了中国传统礼仪文化的精华,继承和创新了传统礼仪规范，比如鞠躬、问候，又比如正衣冠塑形象、温文尔雅、谦和大方等。

五、可操作性特征

礼仪文化浩如烟海，涉及社会的方方面面。公务礼仪内容也非常庞杂，礼仪既讲究专业性，更注重实操性。

比如：公务名片怎么递接？名片上应该印哪些内容？如何索要别人的名片？名片使用有哪些禁忌？又如：握手礼仪有什么规则？握手的顺序应该是什么？握手又有哪些禁忌？再比如：会议位次怎么排？会议主持人应有哪些注意事项？鼓掌礼仪又有哪些内涵？散会后退场，又有哪些礼仪规范？等等。

六、差异性特征

生活中不难看到这样的场景：和一位同事去开会，去的时候，她还有说有笑，回来的路上感觉她情绪不佳。问她怎么了？她生气道：他们那个会议接待人员竟然喊我美女，我这岁数了，平时这么喊也就罢了，在这么隆重的接待场合，总感觉这样的称呼让人不舒服。

因此，我们在实践礼仪时，既要考虑场合，又要考虑对象，还要熟悉不同国家、不同民族的特点和习惯。如果生搬硬套，就会弄巧成拙，甚至可能造成误会。

除以上特征外，礼仪还具有规范性和强制性。所谓规范性和强制性，是因为礼仪本身就是一些被社会广泛认同的价值取向、行为准则和规范。所以，一旦不被遵守，就会引起人们的不适或反感，甚至引发公共事件。

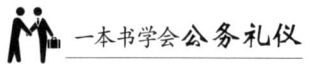

第四节 公务礼仪作用

礼仪文化历史悠久,并且随着社会的发展进步而逐步完善,反映出一个国家和民族的文明程度。公务礼仪是国家公务人员必备的基本行为规范,对于维护国家和政府形象,促进人际沟通,改善干群关系,提高个人综合素养等都具有重要作用。学习公务礼仪究竟有哪些作用?

一、维护国家形象

学习公务礼仪的一个重要意义,就是优化和规范公务人员在各种场合的言行规范,使其能够表现出良好的国家形象和工作作风。因此,公务人员在日常工作和生活中的表现,也就成了国家在人民心目中形象的具体呈现。公务人员应自觉践行礼仪规范,赢得人民群众的信任,赢得世界的尊重,从而更好地维护国家的形象与尊严。

二、强化国家公信力

公信力是国家公职人员赢得民心的必备条件,也是赖以存在的必要基础。国家的公信力是公务人员在长期履行职责的过程中,通过大量的具体行为反映出来的让公众信任的力量。人无信则不立,国无信则不兴。强化公务人员的公信力,对于我国的经济发展和政治进步都具有极其重要的意义。

公务人员通过认真学习公务礼仪,可以较好地养成守信的职业操守。在为人民服务的过程中,信守诺言和约定,不食言,不欺诈。向公众承诺或约定的事情,必须在规定的时间内做到并做好。这样可使公众更加信任我们,更加信任我们的国家。

三、提高为民服务质量

遵行公务礼仪,可以更好地为人民服务,可以让人民对我们的工作更满意。尤其是政府部门,正处在由管理型政府转变为服务型政府的过程。在这个过程中,普及和推广公务礼仪是非常必要的。公务礼仪可引导公务人员在工作中如何与老百姓打交道,如何能更好地服务老百姓,让对方感到被尊重，怎样交流沟通才能让对方感到舒服，怎样表达意见才能让对方愿意接受，怎样化解矛盾才能让老百姓心悦诚服，等等。

四、提高人际沟通能力

通过公务礼仪的学习，熟悉沟通技巧，能够提高人们的人际沟通能力，达到所期待的沟通效果。比如我们可以通过适当微笑、眼神注视等方式表达友好、关注的倾听之态；通过鼓掌、点头示意等表达自己的观点；通过恰当的语言表达，以减少误解和沟通障碍，提高沟通效果；等等。

五、促进人际关系和谐

通过学习公务礼仪，让公务人员养成上下级之间、同事之间互相尊重的良好习惯，可促进单位内部的关系更加和谐。内部良好的人际关系，必然有利于提升公务人员自身的学习和工作效率，可以让单位有良好的精神风貌。同时，良好人际关系的构建，也有助于促进公务人员自身正确的思想理念、道德水准及良好品质的有效形成，帮助大家树立正确的三观，有效提升为人民服务的热情和能力。

六、密切干群关系

人人都有被尊重的心理需求。公务礼仪最基本的思想就是引导公务人员尊重人民群众，与人民群众和谐相处，在为人民服务的过程中，如能尊重每一位工作对象，就一定会得到人民群众的尊重，也可有效改变"门难进，脸难看，话难听，事难办"的不良现象。以实际行动赢得广大人民群众的支持，实实在在地做人民的公仆。

七、有效提升个人素养

公务人员的形象应具备较强的规范性和严肃性。通过学习公务礼仪，可使公务人员的言谈举止和神情姿态文雅大方，给人以稳重可靠、诚实可信的印象。如着装应整洁大方、端庄得体，更符合自己的身份，与自身工作性质相符。仪容仪态应做到站有站相，坐姿端庄，走姿大方，目光亲和，表情自然，举止规范等，从而有效提升公务人员的个人素养。

第五节　公务礼仪重要性

公务礼仪是公务人员基本素养的重要组成部分，是个人思想品德、工作作风、服务意识、礼仪常识、行为规范等素养的重要呈现。

公务礼仪重要性主要表现在以下方面。

一、增强公务礼仪意识

公务人员礼仪素养要求其内正其心、外正其容，内强素养、外树形象，做到内外兼修，同时要提升业务水平，为人民群众服务，让人民群众满意。因此，在公务活动中，公务人员要不断增强礼仪、礼节、礼貌意识和服务意识，不断提高自身礼仪素养、完善自我，让自己的思想意识、言行举止更加符合工作岗位的需要。

二、坚持全心全意为人民服务根本宗旨

国家公务人员是领导干部队伍的重要组成部分，是社会主义事业的中坚力量，是人民的公仆。因此，必须坚持全心全意为人民服务的根本宗旨，心里装着人民，把广大人民群众的长远利益作为自己的奋斗目标，把清正廉洁作为自己的立身之本，把勤政爱民作为自己的工作作风和生活态度。

三、以修身律己为己任

礼仪的学习和践行应伴随人的一生。在每个人生阶段，每个工作岗位，都有不同的礼仪规范。这要求公务人员要在自己的工作岗位上不断学习提升，提高自我约束、自我克制的能力，不越权、不逾礼，同时也要做到"慎独"，严以修身、严以用权、严以律己，不断提升自己品德修养和礼仪素养，以更好地适应工作的需要。

四、要从严执行相关规范

公务礼仪具有鲜明的强制性特点，要求公务人员在执行国家公务时必须严格遵守、认真对待。比如，在接待过程中，就要严格遵守接待礼仪规范和相关规定，否则一顿饭就可能违纪违规，甚至是犯更为严重的错误。

五、注重践行礼仪细节

在日常工作、生活和学习中，要时刻注重公务礼仪规范，注意每一个礼仪细节，展示文明礼貌、得体大方的公务人员形象。否则一个动作、一句话就可能会引发一个大的舆情，给自己、单位甚至国家造成不可控的风险。

六、长期坚持贯穿始终

公务人员礼仪素养的培养是一个动态过程，需要大家在执行公务的过程中，在学习各种礼仪知识和行为规范的基础上，通过不断实践才能提升。这就需要公务人员长期坚持，养成良好的礼仪习惯，让公务礼仪贯穿于工作和生活的整个过程，成为自己整体素养的一部分。

总之，公务人员礼仪素养是公务人员素养的重要组成部分，是公务人员工作技能、处事能力、行为习惯和自我修养的综合素质的重要体现，同时也是恪守职责、勤于政务、廉洁奉公、忠于国家、忠于人民的政务能力的体现。公务人员礼仪素养的提升对于提高整个国家的工作效率、维护国家的形象和个人形象具有重要意义。礼仪素养是直接影响工作成败优劣的重要因素，也影响个人形象与尊严，甚至是国家形象与公信力。通过学习公务礼仪，可以让公务人员礼仪素养得以明显提高。在公务场合，能基本做到有礼有节、风度高雅、言谈大方、举止潇洒，从而提升公务人员公信力，提升为人民服务的水平。

第二讲　公务形象礼仪

导语：公务人员形象，不仅仅代表自己的形象，在很多场合，影响所在单位在广大人民群众心目中的形象和公信力，更是代表着国家形象，直接影响着国家尊严。

形象就像名片一样，在无言中即可向他人展示自我。在人际交往过程中，人们往往会通过一个人的外在形象来判断其年龄、身份、修养、人品等，并以此产生第一印象，从而决定着交往态度。一般情况下，一个人具有良好的形象容易给人留下先入为主的好印象，往往会更容易被他人尊重。

公务形象礼仪的宗旨，就是引导公务人员不断完善和规范自己在公务场合的形象，更好地优化干群关系，更好地提升国家公信力，从而更好地维护国家形象和尊严，更好地建设和谐社会。

第一节　打造亲和公务形象

引言导语

以前我们听说过这样一句话：进公务机关办事，经常会遇到"门难进，脸难看，事难办"的情况。随着公务机关服务水平提高，这样的事情已经有所改观，但还需要进一步提升。这里所说的"脸难看"，主要是指面部表情不亲和。这种状况往往会拉开公务人员与人民群众之间的距离，会破坏干群关系，有损国家形象。所以作为公务人员，一定要注意自己的表情和眼神，以打造亲和的公务形象。

经典案例

接待群众表情要温和

2018年夏天，市民王先生来到当地税务局向工作人员魏某咨询退税的事情。

当时工作人员魏某坐在工作台里边正在看手机，见王先生来咨询，就勉强抬起头与王先生对话。但在对话过程中，她的面部表情一直冷若冰霜，没一点笑容，目光下垂，几乎没看过王先生的眼睛。王先生发现魏某的表情和目光如此无礼，认为魏某太不懂礼貌，太不尊重自己，于是王先生就拍下了一段视频，并马上拨打了市长热线，反映了这一情况。市政府有关部门了解了这个情况后，马上给税务局打电话，责成他们迅速整改工作作风，并要求马上处理那名工作人员。结果，没过几天，魏某就被税务局严肃处理，并予以辞退。

专家解读

上述事例中，税务局工作人员魏某，在接待纳税人过程中，不注意面部表情和目光眼神，给纳税人留下冷漠的印象，也给纳税人造成一定的心理伤害。在咨询过程中，魏某不看王先生的眼睛，首先，这很可能会使王先生感觉魏某根本没把他放在眼里，瞧不起他；其次，会让他感觉魏某工作心不在焉，态度恶劣，很不敬业。魏某表情冷漠，会让王先生感觉魏某缺乏工作热情，或者对人冷漠不友善，甚至可能很厌恶自己。这就使王先生非常气愤，于是就投诉了。

要点综述

一、眼神目光要恰当

人们常说，眼睛是心灵的窗口。人们在面对面接触时，一般眼睛所传递的信息可能比嘴巴所传递的信息时间更早、更真实、更丰富。在与人面对面沟通交流时，不仅用嘴交流，而且还在用目光交流；不仅要用耳朵听对方用嘴传递的信息，而且要用眼睛观察对方用目光传递的信息。

面对面与他人沟通交流，如果不注意目光交流，不看对方眼睛，那是非常失礼的。它往往会给对方这些感觉：第一，他可能在说谎，所以不敢看我的眼睛。第二，他可能很自卑，所以不敢看我的眼睛。第三，他可能心不在焉，所以没看我的眼睛。第四，他可能目中无人没把我放在眼里，所以没看我的眼睛。这些感觉都是令人不快的，都会让对方产生不好的印象。

所以，在工作中与人交流，一定要注意自己的目光和眼神，并注意以下问题。

1.与人交谈要看对方的双眼部位

与人面对面交谈时，大部分时间目光可以均匀地落在对方双眼的部位，即如下图所示的椭圆圈内部分。目光落在其他部位，或运用其他的方式，都不太合适。

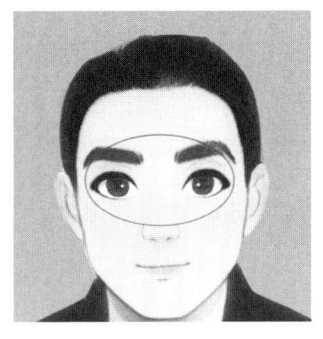

假如，甲乙二人在交谈，甲一直看着乙方的脑门儿、耳朵、嘴唇，或者目光过于分散或集中，这都会让乙方感到甲方的目光比较怪异，都会让乙方感到不自在甚至感到厌恶。另外，乙方也可能会认为甲与他谈话时心不在焉。

当然，特殊情况下，有些部位也可以偶尔短时看一下，如一位男士跟一位女士谈到高跟鞋的时候，男士也可以乘机低头短时间看一下对方脚上的高跟鞋，但不可长时间或频繁地观察，否则就有非礼之嫌了。

如果对方只有一个人，并且交谈时间较长，可以每过几秒钟，把目光从对方的眼部移开一下。这样做的目的，一是让自己的眼睛适当休息，二是避免注视时间过长使对方尴尬。

与人交谈时，目光不宜飘忽不定或东张西望，不宜低头垂目，更不宜随便看手机。

2.与多人交谈时目光要照顾到每个人

如果一人同时与多个人交谈，目光应该与在场的这几个人都有所交流，尽量不要漏掉任何人，以免使对方感到被冷落或被藐视。在听别人讲话时，谁讲话，听者目光则应落在谁的眼部。讲话者在讲话时，目光要在几个人中间合适地移动或切换。假设面前有甲乙丙三个人，那目光可以注视甲几秒钟，再注视乙几秒钟，然后看丙几秒钟，如此灵活自然地反复变化即可。

如果人数过多，跟每个人都有明确的目光交流不太方便，可用扫视的方法注视全场所有的人，但速度不宜太快，要平稳扫视。其间，目光可在某几位人员的眼部稍做停留。

3.不宜随便上下打量他人

很多人在发现有客人或陌生人到来时，喜欢盯着对方上下打量一番，好像审视犯人一样。这种行为很不礼貌，会让人感觉不自在。

4.注意眼睛状态

（1）与人面对面交流时要正眼注视他人，尽量不翻白眼。如果有处在侧面方向的人突然讲话，听话者应转动头部把面部朝向对方后再去注视他人，而不能头不动，只把眼睛转过去。

（2）眨眼动作不可太慢。眨眼动作太慢会让对方感觉要么有厌烦情绪，要么有点萎靡不振。而眨眼动作稍微快一点，则会让人觉得很精神，或者觉得对他讲的话很感兴趣。

（3）面对面注视他人时，目光不可太分散，否则目光会显得虚而无神，让人觉得心不在焉。目光也不可过于集中，目光过于集中会让对方感觉很怪异或很滑稽。如只盯着对方一只眼睛看，会让对方觉得很不庄重。

二、表情要温和

公务人员在工作中或其他公务场合，一定要呈现合适的表情。通常情况，要面带微笑，就是人们常说的"微笑服务"。

微笑是令人感觉愉悦的面部表情，是一种对人表达友好和尊重的无声语言。它不仅是一个人的外在形象，也是一个人内心世界的外在表现。它可以沟通人们的情感，化解人与人之间的矛盾，也可以美化人的形象，优化人的风度，增添人的魅力。当面对他人自然微笑时，就会显得更美、更善、更大方、更真诚。别人会觉得更有亲近感，对我们的印象会更好，对我们的服务或工作会更满意。所以，公务人员一定学会自然地微笑，尤其是需要天天跟客人或公众打交道的公务人员。平时有空的时候可以多练习，可以对着镜子练习，也可以跟同事或朋友交流练习。

微笑一定要自然、大方、温和，不可让人有机械、造作、扭捏的感觉。当然，在微笑时，不必强求要露几颗牙齿，也不必强求笑不露齿，只要笑得自然，露不露牙齿无所谓，露几颗牙齿也无所谓，微笑要发自内心，让别人觉得舒服就好。

另外，还要注意微笑的时机和场合。公务人员在工作中能够微笑服务是好事，但也不可不顾时机不分场合地盲目微笑。曾经有一位省安监局的局长，在一次特大交通事故现场，因不恰当微笑，引发了一次较大舆情。所以，微笑也一定要注意时机和场合，不该微笑的时候就不要微笑。如在工作中与人交流沟通的时候，发现对方诉说的话题比较沉重或伤感，这时就不宜微笑，如果微笑，所传递的信息不是友好与亲和，而是有点幸灾乐祸的嫌疑了，这时应该表现出严肃和同情的神态才比较恰当。

温馨提示

对群众的态度是否亲和,不仅表现在对工作的态度上,还表现在表情和目光等形象要素上。改变"脸难看"等不亲和形象,是当前公务人员亟须改进的工作态度之一。作为公务人员,一定要重视工作过程中与人交往的表情和目光等公务形象要素,打造亲和的公务形象。

小贴士　　表情的重要性

在人类社会活动中,表情扮演着至关重要的角色。人们往往会通过表情传递出各种情感和信息,也会根据别人的表情来感知对方的情感和信息。表情是内心感受、精神世界以及人物情感的外在体现,也是一个人形象与风度的重要因素。在艺术领域,如绘画中,表情是表现人物情感的重要方面。艺术家们通过面部表情来生动地表现人物的内心世界,增强作品的感染力。

每个人的面部结构不同,表情也因人而异,丰富多样。一些艺术家和演员通过丰富的表情来弥补其他面部特征的不足,从而给人留下深刻印象。在很多场合,如初次见面时,表情会影响对一个人的初步判断,从而形成对该人性格的初步认知。

目光是面部表情的核心,在人际交往中是一种真实的、含蓄的语言。它能够反映一个人的内心,并且在社交互动中表达出诚恳与尊重。

笑容是另一种重要的面部表情,不同的笑容可以表达不同的感情。发自内心的微笑被视为尊重、理解和友善的体现,能够使人感到亲切、热情和尊重。

总之,表情是一种强大且多维的沟通工具,它在人类交往、情感表达、形象表现以及日常工作和生活中发挥着不可替代的重要作用。

第二节 仪容礼仪

引言导语

爱美之心人皆有之。人人都希望自己能够有理想的仪容，人人也都应该注重自己的仪容。仪容洁净大方是公务人员基本的文明礼仪，是尊重他人尊重岗位的表现，也是自尊自爱的表现。仪容礼仪在公务人员工作中有着重要的现实意义，每个人都应适当了解和掌握。

经典案例

小失误大影响

刘女士是某市行政服务中心的一位工作人员，有一次因特殊情况吃饭有些着急，吃了饭后没照镜子也没擦嘴就急急忙忙到了服务窗口上班，结果嘴角粘着饭粒她没发现。

有一位客人到她窗口办事，发现她嘴角粘着饭粒，就用手机偷偷地拍了下来，后来又把所拍的视频传到了网上，并附上文字：这是某某市政府的工作人员。第二天，有同事发现这一视频，这事就在单位传开了。结果有些同事笑她，领导又批评她，说她太不注意仪容，有损市政府的形象。刘女士又自责又气愤，非常难过，很长一段时间情绪都非常低落。

专家解读

刘女士的遭遇确实值得同情。人非圣贤孰能无过，任何人都难免出差错。但是，作为政府公务人员，况且是窗口工作人员，天天要跟很多来办事的客人打交道，她的仪容不仅关乎她的形象，也关乎政府的形象。公务人员再忙再着急，也要注意形象，饭后也要照照镜子，重点检查一下自己的嘴边和牙缝是否有"残留物"。

这只是公务人员应该注意的一个方面。在实际工作中，还有很多关于仪容的问题都值得我们注意。

▶ 公务人员仪容

要点综述

公务人员的仪容礼仪应注重自然、整洁、专业。通过保持面部的清洁、选择适合的发型、展现亲切自然的表情和微笑，以及注意细节处的保养和清洁，能够展现出最佳的公务形象。具体应注意以下几个方面。

一、化妆与面部清洁

公务人员应注重面部的清洁与保养。女士可以选择淡妆来提亮肤色，但应避免浓妆艳抹，以保持自然清新的形象。男士则应保持面部的干净整洁，定期修面，去除多余的胡须和杂质，以展现清爽的仪容。

二、发型与整洁

发型是仪容的重要组成部分。无论是男士还是女士，都应选择适合公务场合的发型，并保持整洁有序。男士的发型应简洁大方，避免过长或杂乱，如发量允许，不宜剃光头。女士的发型则应干净利落，避免颜色过于花哨或夸张。定期洗发和护发，确保头发健康有光泽，也是保持仪容整洁的关键。

三、表情与眼神

公务人员在与人交往时，应保持亲切、自然的表情。微笑是传递友善和真诚的重要工具，能够拉近人与人之间的距离。同时，眼神的交流也至关重要。与人交谈时，应注视对方的眼睛，以展现专注和尊重。

四、微笑与态度

微笑是公务人员必备的礼仪之一。一个真诚的微笑能够传递出友善、亲切和专业的形象,增强他人的信任和好感。公务人员应学会在适当的时机展现微笑,以展现积极、乐观的态度。

五、修面与指甲

男士应定期修面,去除多余的胡须和杂质,保持面部的干净整洁。女士则应注意指甲的保养和清洁,避免指甲过长或带有污垢,以展现细致入微的仪容细节。

温馨提示

一个人的仪容如何,并非完全取决于他的先天条件,而与他后天的人生态度、礼仪素养,以及自我形象塑造密切相关。

小贴士　　　　拱手礼

拱手礼是最典型的中国传统礼节之一。就是双手与双臂拱于体前,以表示恭敬、敬畏、祝贺或感谢等。在公务场合,主要用于向人表示祝贺,与人见面时表示恭敬,向人表示感谢等。

拱手礼古今均常用,但在古代它还不算是正式礼节,只是一种合乎礼仪的姿势。同时,它也是某些礼节当中的一个必要的组成部分。如行"揖礼"必须先拱手,行"拜礼"也须先拱手。

拱手礼主要分传统拱手和简易拱手两种形态类别。

1. 传统拱手动作要领:两手掌微微弯曲,叠合于胸部以上的身体前方,双手离身体10厘米~30厘米,两肘抬起,双手与小臂一起形成一个"拱形"。

2. 简易拱手动作要领:一只手的四指向内弯曲,拇指尖轻按在食指的第二关节上,另一只手抱之,双手举于胸部以上的身体前方,双手离身体10厘米~30厘米,两肘不抬或微抬起。简易拱手是近现代常见的拱手形态。

第三节　仪态礼仪

引言导语

仪态是人们仪表形象的重要因素，是精神风貌的重要外在表现。有的人站在那里，低着头，驼着背，腿也站不直，这种仪表形象让人一看就会觉得萎靡不振。有的人走路慢腾腾，并且身体左右摇晃，这种人会让人觉得比较懒散，不讲工作效率，缺乏朝气，吊儿郎当。

合乎礼仪的仪态应该是健康的，是美的。仪态会因不同人物、不同场合，呈现不同特点。有时需要优雅，有时则需要潇洒；有时需要自然，有时则需要庄严；有时需要轻盈，有时更需要稳健。

公务人员要根据礼仪的基本要求多加练习和实践，养成良好的习惯，在工作中和生活中就可以呈现出良好的仪态。

当前礼仪培训界常说的仪态，主要包括坐姿、站姿、行姿、蹲姿等。

经典案例

鞋挂脚上受处理

钟女士是某单位人事处副处长。某日，一位记者就有人反映该单位绩效工资分配不公问题来进行采访。

记者走进钟女士办公室，钟女士并未起身，只是坐在转椅上把身子转向了记者。记者发现钟女士下身穿着一条短裙，左腿叠放在右腿上，脚穿一双高跟鞋，可左脚的高跟鞋只是挂在脚上并没穿进去。记者觉得一个政府公务员，并且是领导干部，在客人面前如此不讲仪表，不顾形象，坐相如此不雅，实在有损政府形象。很快，上级领导也知道了此事，认为钟女士的行为确实不妥，有损政府形象。结果，钟女士受到了严肃处理。

专家解读

在办公室工作时随便脱鞋子是一种不文明行为。而钟女士的那种坐姿，叫作跷二郎腿，这是一种不太雅的坐姿。在我国古代，这是一种被禁止的坐姿，尤其对女性来说，这种坐姿甚至被认为是放荡无礼的表现，所以我国古代一直不太提倡女性使用这种坐姿。但现代，这种坐姿被一些人做了所谓的改良，似乎成了比较流行的坐姿。有人把它叫作"叠腿坐姿"，也有人把它叫作"优雅二郎腿"。其实这种坐姿只适合相关表演和某些社交场合，并不适合公务场合。有人认为这种坐姿比较优雅，并且穿短裙时这样坐显得腿比较修长好看。这种观点不是没有道理，但是在公务场合，尤其是机关工作场合，故意展示两条腿并不合适。

有些人为美观或防止走光，特意紧绷脚尖，紧并双腿，而腿脚特别容易疲劳酸痛。本来这种坐姿属于二郎腿，只是做了一些细节的改变而已。人们跷二郎腿本是为了使双腿得以放松，可那样紧绷脚尖、紧并双腿反而更累，不利于健康。应该说，它确实不是合适的公务场合工作坐姿。

要点综述

一、坐姿礼仪

1.入座基本礼仪

一般从座位的左侧入座，落座时身体要稳。如果是与人面对面交谈，或和对面的人交流，入座不要太深，大腿不要全部坐到座位上，膝关节弯曲部位最好离开座面十几厘米，如果是椅子，一般不要后仰靠背。同时，入座也不宜太浅，入座太浅会显得紧张不安或自卑。

女士穿裙子入座时，要用一只手的手背比较优雅地拢一下裙子，以免裙子不平甚至翘起而出现不雅情况。入座后，上身应自然坐直，不宜明显弯腰驼背，双手自然而优雅地叠放在大腿的位置，并拢双腿。

男士双腿可不必并拢，但两腿不可分得太开，双膝相距一般不超过30厘米。如果与客人同向而坐并交谈，上身应稍微转向对方一侧并稍有倾斜。

▶ 坐姿礼仪规范

2.坐姿类别与姿态要领

（1）男士正坐姿态

上身挺直，头正肩平，两腿稍微分开，膝盖处相距约10厘米到20厘米左右，小腿垂直于地面。两脚左右平行，脚尖尽量朝向正前方，避免明显的外八字或内八字。左右手自然张开或微握，分别放在左右两腿的大腿上或膝盖上，若坐具是带扶手的椅子，双手也可分别放在扶手上。

（2）女士正坐姿态

上身挺直，头正肩平，两腿并拢，小腿垂直于地面，双手除大拇指外的四指部分交叉相叠手背向上，放在两条大腿正面的中间位置。

（3）主宾会谈式坐姿

主人坐左边，两小腿和上身均向右微微倾斜，右小臂放在扶手上，左手放在右手的手背上，也可左右手交叉相握。客人坐右边，姿态基本与主人的姿态呈镜面对称状。

（4）谈判式坐姿

下身与正坐相同，上身微微前倾，但不要明显弯腰驼背。双手或小臂的前半部分放在桌面上，双手可分开放，也可轻轻相握放在桌面上。

（5）伏案工作式坐姿

姿态基本与谈判式坐姿相同，只是双手需根据工作需要做各种动作。

3.公务场合坐姿应尽量避免的事项

（1）女士坐姿不可将双腿明显分开。

（2）避免二郎腿坐姿，包括所谓的叠腿坐姿。

（3）男士双脚不可呈内八字。

（4）腿脚不可抖动。

（5）不可将脚放在坐具的坐面上。

（6）上身尽量不要明显歪斜或过度后仰。

二、站姿礼仪

1.站姿禁忌

（1）站立位置。除特殊情况，不可站立在容易影响他人过往或其他正常行动的地方，譬如道路中间、走廊中间、门户中间等。

（2）避免不良姿势。作为公务人员，在正式场合站立时，应尽量避免以下姿势：弯腰驼背；身体倾斜；一腿直立，一腿弯曲；双臂抱于胸前；双手叉腰；双手揣入口袋；女士双腿分开；男士双腿过度分开（两脚距离超过三十厘米）。

（3）尽量避免小动作。有些人站立时，会不自觉地做一些小动作，譬如抠鼻子、抠耳朵、揉眼睛、摸衣服、手指乱动、腿乱抖，等等。这些小动作都不太雅观，应尽量避免。

2.站姿类别及基本要领

在非军事化公务场合，尤其是与人交谈或上台发言的场合，比较合适的站姿有双手腹前式站姿和双手自然下垂式站姿。但比较理想的站姿是双手腹前式站姿，这种站姿自然、大方、优雅，还可约束双手不会随便乱动。除这两种站姿之外的其他站姿，如双手插口袋的站姿、双臂抱于胸前的站姿、双手背于身后的站姿、军人标准式站姿等，都不太适合上述场合。

（1）男士双手腹前式站姿

左手轻握呈虚拳状，右手握住左手的手背，右手的大拇指和食指环绕在左手手腕处，双手自然放在腹部肚脐偏下的位置，双手手背朝外。头正，颈直，肩平，下颌微收，小腹微收，自然挺胸，双腿直立。两脚分开10厘米到20厘米，脚尖朝前，双脚不要呈现内八字形状，也尽量不要呈现过度的外八字形状。

（2）**女士双手腹前式站姿**

右手轻握左手四指，双手自然放在腹部肚脐位置或肚脐偏下的位置，双手手背朝外。头正，颈直，肩平，下颌微收，小腹微收，自然挺胸，双腿直立且并拢。两脚脚跟靠拢，脚尖微微向外分开，两脚呈"V"字形；或者一只脚的脚跟靠在另一只脚的足弓处，两脚呈"丁"字形。

▶女士站姿

（3）**双手自然下垂式站姿**

双手自然下垂，靠在大腿外侧。其他姿态要领参照女士双手腹前式站姿和男士双手腹前式站姿。这样站的缺点是：人在严肃场合紧张的时候，譬如上台发言的时候，或与上级领导面对面汇报工作的时候，他就会觉得双手无处放置，双手垂在那里会不自觉乱动，一会儿手指乱动，一会儿玩弄衣服，一会儿抠鼻子挠耳朵，一会儿又把双手插入口袋，给人的感觉不自然、不大方，风度欠佳。

三、走姿礼仪

1.走姿禁忌

（1）不可在走道的中间行走，即所谓"行不中道"。

（2）行走在较狭窄的走道，不可与人并肩而行，以免影响别人行走。

（3）有人示意去他身边，步子应稍快一些，且眼睛要看着对方。

（4）需要与客人并肩而行时，一般应让客人走在右边。

（5）工作时间走路不可太慢，否则就会给人工作效率低下的感觉。

（6）非工作需要或紧急情况，走路时不可低头看手机。

（7）不可故作姿态，如故意扭动胯部、刻意模仿模特走猫步等。

（8）尽量避免不良走路姿态，如身体左右摇晃、双脚拖地、低头驼背、双臂在体前左右摆动（尤其男士更需忌讳）、严重八字脚，等等。

2.走姿基本要领

（1）头颈端正，不要随便歪头、低头、扭头。

（2）眼睛平视前方。非工作需要，不可左顾右盼，频繁回头，打量他人等。

（3）双肩平稳，不要随便扭动，尽量避免阴阳肩现象。

（4）上身自然挺拔，尽量避免弯腰驼背。

（5）大臂带动小臂自然地前后摆动。双臂不要刻意摆动，尽量避免双臂在体前左右摆动。

（6）步幅适当。男性步幅60厘米~70厘米，女性步幅50厘米~60厘米。如穿高跟鞋，步幅应适当小一些，穿平底鞋，步幅可适当大一些。

（7）男性步伐宜比较稳健有力，步频每分钟约100步；女性步伐宜比较轻盈快捷，步频约每分钟115步。

（8）前脚落地时，前腿应尽量伸直，膝盖处不要明显弯曲。

四、蹲姿礼仪

蹲姿，在公务人员的日常工作中，并不常见常用。但是，却不能忽视它。因为在某些场合，若不注意它，就可能会有损形象。假设，我们在服务大厅工作，文件不小心掉地上了。这时，应该怎么捡起它？是采取弯腰弓背，低头翘臀的姿势去捡吗？当然不妥。因为这种举止不雅，甚至危险。

首先，服务大厅可能四周都是人，朝任何一方翘臀都不雅，都不礼貌。再者，穿低胸衫的女士，下蹲时稍不注意就可能会暴露胸部，这更不雅。另外，高血压的朋友弯腰低头时，很容易使脑部过度充血而出现脑血管破裂的情况。

那怎么去捡才好呢？如下图所示，采取合礼而科学的蹲姿。

▶女士蹲姿拾物

这种蹲姿拾物的基本要领如下：

（1）走到东西的左边，左脚在前，右脚在后，两脚前后相距10厘米左右。
（2）两腿弯曲，身体下蹲。
（3）上身尽量保持基本上下直立的状态。
（4）男士两腿间可适当分开，女士则需两腿尽量靠拢。
（5）头部右转，目光看向地上的物件。
（6）伸右手捡起物件，身体平稳站起。

温馨提示

追求好的仪态，不可过于作态，要自然大方，更利于我们的工作和健康。

第四节　手势礼仪

引言导语

人们在工作或生活中，常常会用各种手势来表达意思或交流思想。手势运用得好，运用得符合礼仪，可以有效地加强沟通交流的表达效果，也可以在谈话、发言或演讲中运用手势，使语言更加生动，意思更加明了。但如果手势运用得不好，运用得不合礼仪规范，或胡用乱用，就会破坏沟通交流的表达效果，也必然有失风度，败坏形象。所以，我们在运用手势时，一定要运用得恰当，运用得符合礼仪。

手势主要分指示手势、表意手势、辅助手势等。指示手势是指用手指引或示意别人往哪行动或往哪看的手势，如用手指向坐具示意别人"请坐"，指向门里边示意别人"请进"，指向道路的某个方向是指引别人往那边走等。表意手势是指那些能够独立表达某种意思的手势，如竖大拇指手势、OK手势等。辅助手势是指那些在讲话中或演讲中为加强语言表达效果而做的某些手势，如紧握拳头在胸前挥动，张开双手高高扬起等。

经典案例

万先生的失误

某市商务局万先生，到广州一家公司洽谈招商事宜。从接待到洽谈都挺顺利，广州公司罗总初步表示有投资建厂的意向，并答应过几天前往该市实地考察。万先生很高兴，觉得这次广州之行比较成功。

可能是由于洽谈比较顺利，万先生显得有点兴奋，说起话来手舞足蹈。万先生挥动着食指，指着罗总面部和胸部滔滔不绝："罗总真有大将风范，做事雷厉风行，并且有智慧、有远见，不愧是广州市优秀企业家……"他嘴上说得很好，是在夸赞罗总。但远处罗总的员工们听不见他在说什么，只看到他在用手指指着罗总，嘴巴还不停，还以为罗总做了什么坏事，万先生在教训罗总，在公司议论纷纷，这使罗总非常尴尬。

第二天，罗总让秘书打电话告诉万先生，到某市投资建厂的事其他董事不同意，万先生招商的事就这么泡汤了。

专家解读

用手指指着别人面部和胸部，是非常粗鲁的行为，是非常无礼的表现。它传递出的信息一般有这么几种：第一，挑衅对方；第二，藐视对方；第三，教训或指责对方；第四，行为人粗鲁野蛮不讲礼仪。这种行为不仅伤害对方，也伤害自己。所以，这种不良手势一定要避免。当然，不良手势还不仅仅这一种情况，还有很多手势都是我们应该尽力避免的。

要点综述

一、手势禁忌事项

1.不可用一只手指做指示手势。无论是指人、指物，还是指路，都应注意。

2.与别人谈话时，或对多人讲话时，手指不可在别人面前指来指去，或点来点去。

3.小指莫对人，大指莫对己。小拇指指向别人，有贬低别人的嫌疑；大拇指指向自己，有自傲的嫌疑。

4.不做含义不佳的手势。

5.在外国人面前不要随便做表意手势。很多表意手势，在不同的国家或地区，可能有着不同的含义。譬如OK手势，在有些国家它表示赞成或答应的意思，可在有些国家，它却是一种下流的手势。再如竖大拇指手势，在有些国家它表示夸奖和赞美的意思，可在有的国家，它却是一种骂人的手势。

6.讲话或演讲时，不要频繁地机械地重复某个手势。

二、手势及其举止要领

工作中常用的规范性手势多数是指示手势和礼节手势，常用的礼节手势，主要是示手和挥手。除特殊情况，做指示手势和礼节手势尽量使用右手。指示手势的基本规范形态，如下图所示，右手五指自然伸直并拢展开呈掌形，掌心向斜上方，手腕处伸直，手掌与小臂基本成一条直线。

1.请进手势

先看准将要指示的位置，然后目视示请对象的双眼，左手自然下垂，右手适度抬起，五指自然伸直并拢，指尖指向门内2米左右的地面位置，如下图所示的两种形式均可。示请对象进门后，请进手势完成，身体恢复原来的状态。

▶ 指示手势　　　　　▶ 请进手势

2.请坐手势

先看准将要指示的位置，然后目视示请对象的双眼，左手自然下垂，右手适度抬起，五指自然伸直并拢，指尖指向坐具的坐面。示请对象开始落座或坐下后，请坐手势完成，身体恢复原来的状态。

3.引路手势

先看准将要指示的位置，然后目视引路对象的双眼，左手自然下垂，右手适度抬起，五指自然伸直并拢，指尖指向前进方向3米远左右的地面位置。引路对象看到后，手势即完成，然后身体恢复原来的状态开始朝前进方向行走。

4.指路手势

先目视问路者的双眼，听完他的问话，然后开始回答对方，与此同时，目光看向远处的目标或问路者即将前进的方向，左手自然下垂，右手及整个右手臂抬起呈水平状,五指自然伸直并拢,指尖水平指向前进方向。回答完毕后,手势完成,身体恢复原来的状态。

5.介绍双方相识手势

先看向被介绍者的双眼,然后目视接受介绍者的双眼,左手自然下垂,右手适度抬起,五指自然伸直并拢,指尖指向被介绍者胸部的位置。介绍完毕,手势即完成,身体恢复原来的状态。

6.示手手势

目视施礼对象,右手自然张开呈掌形举起,高度一般与头部高度相仿,大臂大致与肩膀齐平,小臂与大臂大致呈垂直状态,指尖向上,手心朝向施礼对象,保持短时不动,以向近处的人表示尊重、友好或惜别之意。

7.挥手手势

右手张开呈自然掌形,手心朝向施礼对象,举过头顶左右摆动,以向众人或远处的人表达敬意、友好或惜别之意。

动作姿态要领:面向施礼对象,右手自然张开呈掌形举起,高度一般超过头顶,手臂可全部伸直,也可稍微弯曲,指尖向上,手心朝向施礼对象,手臂左右摆动,以向众人或远处的人表达敬意、友好或惜别之意。

使用挥手礼时应注意,手不宜过低,否则达不到让更多人或更远处的人看到行礼,并感受到被尊重的效果。再是应注意挥手与招手的区别,不要把挥手误解为招手。招手是举起手,手心朝下,手掌上下摇动,表示叫人过来,它只是一个示意动作,它不能表达敬意,不属于礼节。

温馨提示

手势含义较多,通过一个手势,就可以看出一个公务人员的修养,所以,要规范使用,避免他人误解。

第五节　服饰礼仪

引言导语

公务人员在公务场合的衣着和装饰，不能只考虑个人的喜好和个性，还要考虑到所在行业和岗位的特点，以及社会对公务人员的伦理要求和职业要求。公务人员的服饰不仅要好看，更要实用，还要适合并利于公务人员的工作特点。公务人员的服饰，不仅要美化公务人员的个人形象，更要维护和提升国家公务人员的整体形象，还要维护国家的形象和尊严。

经典案例

潇洒随性的小李

在某次重要的政府会议上，一位年轻公务员小李的着装引起了在场人员的注意。他身穿一件休闲风格短袖衬衫，搭配一条牛仔裤和运动鞋，整体给人一种轻松随性的感觉。然而，在这个正式而庄重的场合，这样的着装显然与周围环境格格不入。几位同事赶忙提醒，但小李住的地方比较远，办公室又没有备用衣服，所以只能硬着头皮参加会议。

专家解读

公务人员的服饰礼仪是其职业素养的重要体现，不仅代表着个人的形象，更关乎单位的整体形象。在这个案例中，小李的着装显然违反了公务人员服饰礼仪的基本原则。首先，公务人员在正式场合应着正装，以展现其专业性和庄重性。小李的休闲风格着装与会议场合的严肃氛围形成鲜明对比，给人一种不够专业的印象。其次，小李的着装还可能引发他人的负面联想，如认为他不够重视会议、缺乏职业素养等。这些负面联想不仅会影响小李的个人形象，还可能间接影响到公众对政府形象的认知。

公务人员在正式场合应着正装，并注意着装的整洁、规范。同时，公务人员还应注重个人形象的维护，通过着装、言行举止等方面展现自己的专业素养和庄重形象。这样不仅能够赢得他人的尊重和信任，还能够更好地履行自己的职责和使命。建议公务人员在办公室备用休闲与正装，以适应不同场合。

要点综述

一、公务着装的基本原则

1. 整洁卫生，朴素大方。

2. 符合自己的身份，符合自己的年龄。

3. 符合自己的体貌。譬如，身材偏胖，就不宜穿那些容易产生视觉膨胀的衣服。着装时尽量考虑到自己身材的特点、肤色的特点、脸型的特点等。

4. 符合所处的环境。譬如，在机关办公室工作就应穿适合机关办公室的服装，下乡就该穿适合田间地头的服装。

5. 符合所做的事情。譬如，上台作报告就应穿适合上台做报告的服装，去参加植树劳动就该穿适合参加植树劳动的服装。

6. 注意交往的对象。譬如，接待外宾时可能要穿西装打领带，而接待农民时可能穿一件朴素的夹克衫更合适。

7. 注意服装与鞋子的搭配。譬如，穿西装应该配正装皮鞋，而穿运动装则不宜配正装皮鞋了。

8. 注意着装的规范。譬如，穿单排扣西装的时候，最下面的那粒扣子一般不要扣上。

9. 注意色彩的选择和搭配。譬如，正式场合不宜穿红色、橙色、黄色、紫色的裤子。

10. 注意色彩与场合的关系。譬如，去参加同事的追悼会则不宜穿一套红色的衣服。

二、公务场合服饰禁忌

1. 穿着过于随意。如上班时间穿拖鞋、背心、睡裤等。

2. 穿着过于花哨。如穿着五颜六色的大花衬衫、大花裤子、金光闪闪的皮鞋等。

3.穿着过于暴露。如穿着超短裤、超短裙、露脐装等。

4.穿着过于性感。如穿着皮短裙、袒胸露背的上衣、紧身的旗袍等。

5.穿着过于夸张。如穿裤口一尺多的喇叭裤、鞋跟半尺多的高跟鞋等。

6.佩戴首饰过于贵重或炫酷。如佩戴又粗又长的金项链、造型奇特且硕大的耳环等。

7.佩戴首饰过于繁多。如戴三枚甚至更多枚戒指；耳朵上打了很多耳洞，戴满了各种耳环；手腕上戴好几只手镯等。

8.佩戴过于名贵的手表，携带过于名贵的皮包。

温馨提示

公务人员的服饰，不仅直接影响自己的形象，影响自己的工作，而且还会影响一个区域甚至一个国家的形象。所以，需要谨慎对待。

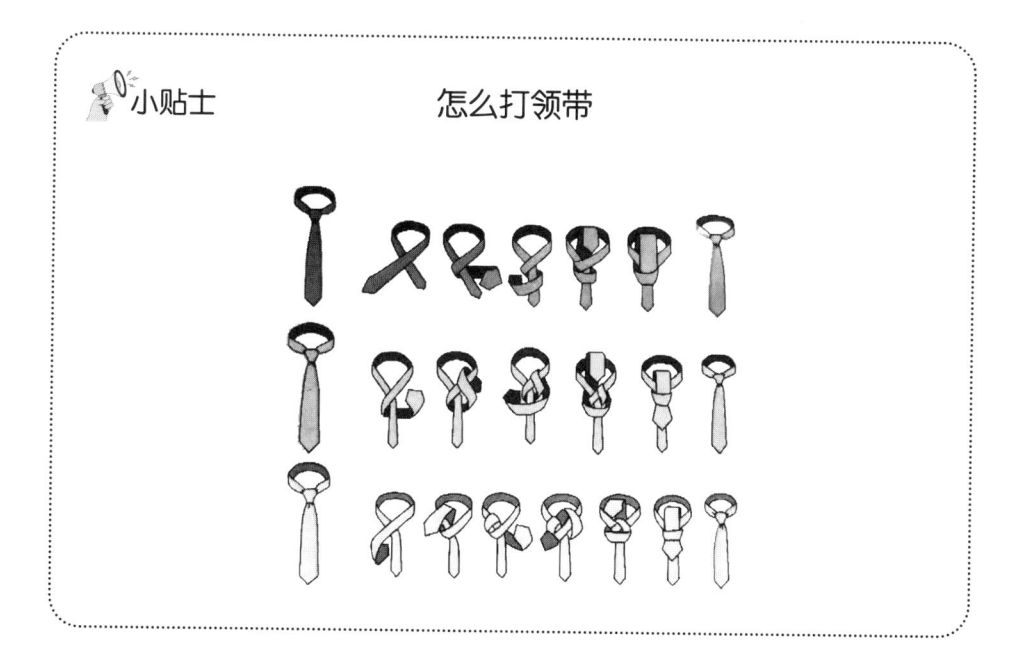

小贴士　　　　怎么打领带

第三讲　公务行为礼仪

导语：马克思在谈到人的多种关系时说："人们在生产中不仅仅影响自然界，而且互相影响。他们只有以一定的方式共同活动和互相交换其活动，才能进行生产。为了进行生产，人们相互之间便会发生一定的联系和关系；只有在这些社会联系和社会关系的范围内，才会有他们对自然界的影响，才会有生产。"

古语云：坐有坐相，站有站相。《相理衡真》中记载：行则属阳，坐则属阴，阳主动而阴主静，理之常也。《易经》里有，"艮其止，止其所也"。人的一言一行，一举一动都在表达彬彬有礼、风度翩翩的职场形象。"勿以恶小而为之，勿以善小而不为"，得体的公共行为礼仪不仅能提升个人职场形象，还能通过传播沟通、塑造形象、平衡利益、协调关系，优化社会心理环境，助推政府单位良性发展，增强政府的公信力。

第一节　做行为举止端庄的公务人员

引言导语

行为举止指一个人在特定场合及各种社交活动中，稳定安全友好的礼仪行为。"举止"不是单纯出现，往往在说一个人行为举止端庄时，敬人尊己成为重要原则，是公务人员提高自我素养、获得社会认可的最基本要求。一个正确把握行为举止礼仪、礼节和分寸，有文明行为举止的人，可以瞬间给他人带来好感，也能提高公务活动的效率。

经典案例

公务场合尊人尊己

小刘和小张应聘于同一家政府单位，都在试用期，仅看两人的工作能力，分不出谁高谁低。不过小张有在行政单位的工作经验，由于试用期后只能留下一个，人们以为小张被留下的可能性较大。

小刘上班的时候行为举止规范，语言亲切温和，工作积极肯干。而小张上班时服饰有点离谱，从来都是时髦的发型、一身T恤短裤的打扮，同事给小张建议的时候，小张也是不理会，对同事冷言冷语，告诉同事只要工作效率高就行，不要只在乎外表。一天中午，办公室内突然飘出一股异味，弄得大家十分扫兴，也没有了工作热情，不久，一个眼尖的同事发现窗台下面有悉悉索索的响声，原来那里放了一个黑色塑料袋，里面居然是一大袋鱼虾，众人的目光不约而同地集中到小张身上，因为这个袋子是他拎回来的，原以为他会把袋子收在储物间，不承想他毫不在意地说："你们真是小题大做，要找的竟是这个啊。"并且他一点拿走的意思都没有，这样的行为引起大家的反感，结果可想而知，试用期一到小张只能背包走人。

专家解读

上述案例中，小张在行政单位上班的时候不注意自己的外表，对同事缺乏基本的礼貌，行为上没有尊重；面对同事的委婉劝导，小张并没有虚心接受同事的意见。小张觉得工作做好就行，不用条条框框。他看似是对的，但是他没有做到对人对己的起码尊重，导致失去了工作。

要点综述

一、公务人员举止礼仪基本要求

1. 态度诚恳

作为公务人员，在进行谈话时，主要内容应该与公务有关，应该为解决公务问题而进行，说话必须做到态度诚恳亲切。

2. 运用微笑

在公务社交中，微笑是一门学问，也是一门艺术，是人与人交往过程中最富吸引力、最令他人愉悦，也是最有价值的面部表情。微笑是友善、和蔼、真诚等美好感情的表现，它能沟通心灵，给人以平易近人之感，可以消除陌生人初次见面时的拘束感。公务社交场合，礼貌的微笑将会如同春雨般浸润人们的心田，真诚的微笑则表示着对他人的尊重、理解与支持。

3. 表情自然

在公务交谈中，应当对交谈过程中的表情及动作予以充分的注意，交谈时，目光应当专注，或注视对方，或凝神思考，注意表情与谈话内容相配。若与上级领导谈话，应恭敬而大方；与群众谈话，应亲切而温和；在秉公执法时，应严肃而认真。

4. 文明得体

举止文明是对公务工作人员的基本要求。在公务场合，要遵守公共秩序，讲究公共卫生，尊重他人，乐于助人。得体的举止应与其身份、情景、场合相符合。机关工作人员的举止既要体现个人的风度形象，又要符合自己的身份，要根据不同场合、不同对象及时调整自己的行为举止。例如，对所有会议参加者来说，均应衣着整洁，仪表大方，准时入场，进出有序，依会议安排落座；开会时认真听讲，不私下小声说话或交头接耳；发言人发言结束时，应鼓掌致意；中途退场应轻手轻脚，不影响他人。

温馨提示

掌握端庄的行为举止，不仅能在机关工作及社交行为中带给别人稳定、安全的感觉，还体现出了不卑不亢的职业风度。优雅的举止是公务人员精神境界、文化品位、道德修养的综合体现；优雅的举止来源于高尚的心灵和良好的教养，也来源于日积月累的追求和学习；优雅的举止应该是大方、从容、自信、幅度适当。应加强自身的修养和实践磨炼，从而树立自信、自尊、自律的公务形象。

小贴士　　　　怎样彰显亲和力

1. 面带微笑

人的感情是非常复杂的，表现在面部有"喜、怒、哀、乐"等多种形式。其中，"笑"有着突出重要的作用，面对不同的场合、不同的情况，如果能用微笑来接纳对方，可以反映出本人高雅的修养，待人的至诚，是处理好人际关系的一种重要手段。

微笑是一门学问，又是一门艺术。微笑的要求是：发自内心、自然大方，显示出亲切，要由眼神、眉毛、嘴巴、表情等方面协调动作来完成。要防止生硬、虚伪和笑不由衷。

2. 讲究眼神

眼睛是心灵的窗户，眼神是展示心理活动、传递信息和思想的媒介。目光注视的礼仪区域如下。

公务凝视区：以两眼为底线、额中为顶角形成的一个三角区。如果你看着对方的这个区域就会显得严肃认真，对方也会觉得你有诚意。

社交凝视区：以两眼为底线、唇心为下顶点所形成的倒三角形区域。能给人一种平等而轻松的感觉,营造出一种良好的社交气氛。

亲密凝视区:从双眼到胸部之间。这种凝视往往带有亲昵和爱恋的感情色彩,一般应在关系亲密的人之间采用。

3. 双手递物

在递物时应该双手递,以示对对方的恭敬与尊重。如果是文件、名片等,应将正面朝向对方;如果是尖利的物品,应将尖利一方朝向自己,而不应指向对方;在接物时,应该双手接,对接过来的物品要表示关注,同时点头示意道谢,不应该漫不经心。

第二节 电梯礼仪

引言导语

现在大多数企事业单位所选取的办公场所都带有电梯，人与人在电梯中碰面是难免的，这样就必然涉及乘坐电梯的礼节，文明礼貌的举止同样会展现公务人员个人的职业风采及品行修为。

经典案例

空间安全距离

早高峰上班期间，为赶时间，一楼电梯口经常会有人争先恐后进电梯。

这天小李正好有点迟到，急急忙忙赶到电梯门口，看到电梯门已经关上了，小李按开电梯门，对大家说了句："对不起上班要迟到了，加我一个。"然后就挤着进电梯。此时电梯内非常拥挤，小李在24楼上班，看电梯里面的同事一直挤着他，都快把他挤出电梯了。小李有点不耐烦，点了一支烟缓解不适。等到24楼，当他走出电梯的时候，发现和他一同走出电梯的还有他的直属领导。他的领导看见小李抽烟，一言不发独自走向了办公室，这时小李心中有点忐忑不安……

专家解读

上述案例中有三处不文明行为：第一，针对上班早高峰拥堵现象，大家都争先恐后地坐电梯容易引起安全事故；第二，小李在看到电梯门关上又重新打开电梯门，也是一种不文明行为；第三，在电梯拥挤狭小的范围内必然会引起情绪的改变，但也不能在电梯内抽烟，小李没有考虑到其他同事的心情，也没有尊重公共场所礼仪。

要点综述

一、安全第一

当电梯关门时，不要扒门或是强行挤入。在电梯人数超载时，不要心存侥幸，非进去不可。当电梯在升降途中因故暂停时，要耐心等候救援人员。

二、注重次序

按照国际礼仪规范，男士通常是要让女士优先进出电梯的，因此，如果男士站在前面，应移动一下让后面的女士先进出。现在的办公区域礼节是，与不相识者同乘电梯，谁较接近电梯门口谁先上下电梯，以便让别人先行通过。上下电梯时，千万不要争先恐后，互不相让，要依次进出；在搭乘较为拥挤的电梯时，电梯门一开启，即使不是你所去楼层，如果你站在最外面，也要主动先站出去，以便后面的人能够有较宽的空间走出来。如果到达的是同一楼层，站在最外面的人在门打开后，应马上走出电梯，为后面的人提供方便。与熟人同乘电梯，尤其是与尊长、女士、客人同乘电梯时，则应视电梯类别而定：进入有人管理的电梯，应主动后进后出；进入无人管理的电梯，则应当先进去，后出来，便于控制电梯。

三、礼让客人

伴随客人或长辈来到电梯门前时，主方人员应先按呼梯按钮。电梯到达，门打开时，若客人不止一人，可先行进入电梯，右手按"开门"按钮，左手用邀请手势，礼貌地说"请进"。待客人或长辈们进入电梯后，再按下他们要去的楼层按钮。若电梯行进时有其他人员进入，可主动询问要去几楼，帮忙按下按钮。在电梯内尽量侧身面对客人，到达目的楼层时，仍应以右手按住"开门"按钮，左手做出请出的动作，并说："到了，您先请！"等客人或长辈们安全走出电梯后，自己应立刻走出电梯，热情地引导前行的方向。

四、文明乘坐

乘坐电梯时要注意尽量少说话，因为电梯里不是一个私密空间，你所说的任何话都可被周围人共享。在电梯里，不小心挤到、踩到别人，要立即向对方说"对不起""很抱歉""请原谅"。此外，如果一定要与同伴聊天或谈工作，也请放低声音，不要打扰其他人员。

五、安全社交

在电梯小小的空间里还要避免故意凝视他人,电梯里也绝对禁止吸烟,甚至有些国家在电梯里吸烟是违反法律的。

温馨提示

在封闭的社交环境中要保持良好的行为举止与稳定的社交心理,做到尊重每一个同事,适应任何环境,约束自己的行为,展现尊人尊己的良好个人素养。

小贴士　　　　　出入电梯要绅士

1. 电梯是公众场合,在遇见领导时,热情要适度,礼貌地道声"您好"即可。

2. 出入有人控制的电梯,应后进后出,让领导、客人和长者先进先出。

3. 出入无人控制的电梯,应先进后出并控制好开关按钮。酒店电梯设定程序一般是30秒或者45秒自动关闭。有时乘坐电梯的人较多,导致后面的人来不及进电梯,应控制好开关按钮,让电梯门保持较长的开启时间,避免给后面的人造成不便。

第三节　握手礼仪

引言导语

当今社会交往中，握手是一种必不可少的礼仪。握手起源有多种说法，其中之一就是古代部落间的停战示好。古时候不同的部落之间经常会有争斗，但是如果有一天，两个部落不想争斗了，要表现出友好的意图，两个部落的首领就会把手伸向对方并向对方走去，跟对方握手，意思是说我没有带武器，代表友好、不争斗的意思，久而久之，就形成了握手的礼节，只要把手握在一起，那就意味着双方建立了友好的关系。当今，握手礼仪成了公务场合一个重要的交际方式。

经典案例

握手拿捏分寸

小张初入职场，在单位楼梯过道中遇到了单位领导，为表达对领导的尊重，立即跑到领导面前，热情地向领导问好，小张见过道中没有其他同事，又因为见到领导难掩激动之情，于是就伸出双手用力握住领导的手，握了好一阵才放开，只见领导紧蹙眉头，面露不悦之色，就急匆匆离开了，小张很纳闷，不知道哪里做错了。

专家解读

小张首先伸手看似很热情，但违背了位尊者有优先决定是否握手的礼仪规范，而小张又用力握住领导的双手并迟迟不肯松开，使领导不适。在公务活动中，要尊重领导、客人、长者，考虑他人的感受。要注重细节，遵循礼仪规则，不能只顾表达自己的感情。

要点综述

一、谁先来伸手

1.在公务场合是不论男女的，论的是级别高低，此时应该是由位高者先伸手，位低者随后伸手。

2.非正式场合例外。在轻松愉快的休闲、社交等生活场合中，这时候谁先伸手都可以，不必太刻意。

3.主人与客人之间例外。在主人和客人之间，当然客人是位尊者。实际场合中，主人迎接客人时，主人先伸手，意味着欢迎；客人告辞时，握手道别由客人先伸手，而主人一定不能表现得过分主动，要被动地等着客人把手伸出来再伸手，这意味着挽留。

4.握手时的美感。握手是一次愉快的交流，规矩固然重要，但自然轻松、热情友好才是永恒的主题。握手时可以适当地上下轻摇一两下，但不要过多。如果晚辈对长辈想要表现得格外热情，可以用双手来握手，双手握的时候，右手握紧尊者的手，同时左手以承载托举之势护住双方正在握的手，切不可直接紧握在尊者的手背上，尤其是面对异性的时候；长辈对晚辈、上级对下级想要表现得格外关心和友好，可以拍拍对方的上臂外侧。

二、握手的尺度

1.虎口对着虎口，满握。

▶握手需把握分寸

2.手指要弯曲过来握住对方，而不是伸直了手指头，等着对方来握。

3.要有力度。我们中国人的性格比较含蓄、内敛，有些人跟别人握手的时候，只是轻飘飘地一握。这样，即便我们内心是想传达对对方的尊重，但实际上对方感受到的是无力，是怠慢，甚至是轻视。我们提倡，握手要有一定的力度。

4.握手的时间可长可短。但在握手的前几秒钟一定要看着对方的眼睛，不要上下打量，也不能一边握着手一边跟第三方说话。因为这样虽然看起来很自然，但实际上没有表达出对对方的尊重。

5.在正式的场合，或者领导者之间在主席台上握手，两个人之间的距离要合适。我们不必用尺子去量。因为当两只手握在一起的时候，两条胳膊之间会形成一个V字形，而且穿正装的时候白衬衫的袖子会从西服的袖口露出来，此时这种握手的场景就会形成一幅很美的图画。以上五个握手的尺度主要适用于男士，显得大气从容，自然美观。

6.女士们可以选择比较含蓄的握手方式，尤其是我们中国女性。握手时可以只握住四个指头，不必满握，但要注意，握住对方四个指头时，大拇指也要合到对方的手指上。

温馨提示

握手是现代社会通行的一种礼仪，不论是在我们的工作当中，还是在日常生活当中都是经常用到的，所以掌握好握手规范很重要，这可以让你给别人留下一个良好的印象。

小贴士　　握手的时机

握手，是交际的一部分。握手的力量、姿势与时间的长短往往能够表达出对对方的不同礼遇与态度，显露自己的个性，给人留下不同印象，也可通过握手了解对方的个性，从而赢得交际的主动。美国著名盲聋女作家海伦·凯勒说：我接触的手有的能拒人千里之外；也有些人的手充满阳光，你会感到很温暖……

应当握手的时机：

遇到较长时间没见面的熟人；

在比较正式的场合和认识的人道别；

在以本人作为东道主的社交场合，迎接或送别来访者时；

拜访他人后，在辞行的时候；

被介绍给不认识的人时；

在社交场合，偶然遇上亲朋故旧或上司的时候；

表示感谢、恭喜、祝贺时；

对别人表示理解、支持、肯定时；

得知别人患病、失恋、失业、降职或遭受其他挫折时；

向别人赠送礼品或颁发奖品时。

第四节　介绍礼仪

引言导语

在公务往来中，广交朋友，有助于展示、宣传政府形象，在交往中消除与群众及其他单位办公人员的误会、减少麻烦。自我介绍，一般指的是在公众场合，必要的情况下，自己担任介绍的主角，以使其他人认识自己。自我介绍是人际交往中常用的方式，是在必要的情况下十分有效的沟通途径，自我介绍具有单向性并向他人主动介绍自己；他人介绍，也称为第三人介绍，通常是指由第三人相互介绍、引荐的一种介绍方法，他人介绍中，为他人做介绍的第三者为介绍者，而被介绍的双方称为被介绍者，他人介绍的主要特点是双向性和对称性。如能正确熟练应用介绍礼仪，不仅可以扩大自己的交际范围，还可以提升办事效率。

经典案例

接待区分主次

某政府单位在一次接待外商团队到访的任务中，办公室工作人员小李因懂外语，因而派其作为主要迎宾人员陪同单位领导前往机场迎接外商。后续单位其他接待工作人员到达后，小李面带微笑热情地走上前，首先与外商老总握手致意，表示欢迎，然后转身向自己的领导介绍了外商老总，接着又热情地向外商介绍了随自己同来的其他单位同事。小李自以为此次接待任务完成得相当顺利，但他的举动引起了单位领导及其他同事的不满。

专家解读

介绍是一切社交活动的开始，是人际交往中与他人沟通、建立联系、增进了解的一种最基本、最常见的形式，也是商务往来中常用的礼节。这一案例中，主人公小李在行使介绍礼节时出现了如下一些差错。其一，小李不应先于领导与外商握手致意，已然越级。其二，介绍应分先后次序，位尊者有优先知晓权，宾客方应为尊者，故应先将主人介绍给宾客。

要点综述

一、自我介绍礼仪

1. 把握介绍的时机

在社交场合或工作联系时，应选择适当的时机进行自我介绍，当对方无兴趣、无要求、心情不好，或正在休息、用餐、忙于处理事务时，切忌去打扰，以免尴尬。商务往来中要特别注意抓住时机，在以下场合有必要进行适当的自我介绍。

（1）希望认识他人时。在交往中与不相识者相处时，想同某些自己感兴趣的人认识，但无人引荐，可以由自己充当介绍人，把自己介绍给对方。

（2）他人认识本人时。有不相识者表现出对自己感兴趣，向自己点头致意，表现出想与自己相识的愿望，自己应主动做自我介绍，以示对对方的尊重和友好。

（3）有必要让其他人了解自己时。在社交场合彼此都不熟悉，主人提议将自己的情况向他人做介绍，以便让大家认识、了解本人时，需要做自我介绍。此时的自我介绍既是一种礼貌，更是下一步交流的前提和基础。

2. 把握介绍的内容

通常情况下，自我介绍的内容应包括最基本的三要素：本人的姓名、所在单位以及具体部门、担任的职务和所从事的具体工作。这三要素，在自我介绍时应连续报出，这样既有助于给人以完整的印象，又节省时间。要真实诚恳、实事求是，不可自吹自擂、夸大其词。

3. 把握介绍的态度

（1）进行自我介绍时，内容要简洁、清晰，并且要充满自信，态度一定要自然、友善、亲切、随和，应镇定自若、落落大方、彬彬有礼。

（2）语气自然、语音清晰、语速适中，既不唯唯诺诺，也不轻浮夸张。

（3）目光正视对方，表现出自己渴望认识对方的真实情感及对对方的重视。

（4）自我介绍时的镇定与潇洒会给对方带来好感；相反，如果流露出畏怯和紧张，介绍时结结巴巴，目光游离不定，甚至面红耳赤，手忙脚乱，就会被他人轻视，造成彼此沟通上的障碍。

4. 把握介绍的时间

在公务交往中进行自我介绍，要注意自我介绍的具体时间。进行自我介绍时，首先要在具体时间上于己于人彼此方便，这样才会发挥正常，并且易于为对方所倾听。自我介绍要把握好所用时间的长度，言简意赅，尽可能地节省时间，宁短勿长，将一次自我介绍的时间限定在一分钟左右比较适宜。介绍时间过长，不仅显得啰唆，而且大家也未必记得住。为了节省时间，做自我介绍时，还可利用名片加以辅助。

5. 把握介绍的形式

进行自我介绍时，应先向对方点头致意，得到回应后再向对方介绍自己。如果有介绍人在场，自我介绍则被视为不礼貌行为。应善于用眼神表达自己的友善、表达关心以及沟通的愿望。

二、他人介绍礼仪

1. 注意介绍人身份

一般情况下，介绍人的身份是有一定讲究的。在执行公务中，介绍人一般应为主方接待人员或负责人。

2. 注意被介绍人意愿

介绍人应该对双方的情况都比较熟悉和了解，如果有可能，介绍人在有意为他人相互引荐时，最好先征求一下双方当事人的个人意愿，以免双方在不情愿相识的情况下贸然行事，好心办坏事，反而不利于相互交往。

3. 注意介绍次序

做介绍时应按一定的顺序进行介绍。核心原则是：位尊者有优先知晓权，即做介绍时，应先将位卑者介绍给位尊者认识，再介绍位尊者给位卑者认识。

（1）主人与客人。在主客双方身份相当时，应当先介绍主人给客人认识，以表示对客人的尊敬。

（2）长辈与晚辈。介绍同性别的人相识时，应当把晚辈介绍给长辈认识，以表示对年长者的尊敬。例如，"老张，我给您介绍一下，这是我们部门新来的小李"。

（3）职位高者与低者。职场不分男女，一般以社会地位或职位的高低作为职场礼仪的衡量标准。此时，应当先把位低者介绍给位高者。

（4）男士与女士。一般情况下，在为年龄相当的男女做介绍时，应当先把男士带到女士面前，将男士介绍给女士。例如，"刘女士，这位是王先生"。

5. 已婚者与未婚者。通常情况下，应当先把未婚者介绍给已婚者，但是如果未婚者明显年长，那么最好先将已婚者介绍给未婚者。

温馨提示

做介绍时，被介绍者要懂得说"您好""久仰久仰"等客气话，表示友善并创造良好气氛，有助于给对方留下良好的第一印象，或"很高兴认识您"之类的，介绍双方时的主要内容应基本对称，大体相似。千万不可只介绍一方而忘记介绍另一方，或者在介绍一方时不厌其详，而在介绍另一方时则过分简单，要体现公务人员的大气和从容，做到律己敬人，不忽略每一个细节。

小贴士　　　　把握介绍时机

和初次见面的人问候，最标准的说法是，"您好""很高兴认识您""见到您非常荣幸"等。如果对方是有名望的人，也可以说"久仰""幸会"；与熟人相见，用语可以亲切、具体，如"可见着您了"。对于一些业务上有往来的朋友，可以使用一些称赞语，如"您气色不错""您越长越漂亮了"等。

称呼一般可以分为职务称、姓名称、职业称、一般称、代词称、年龄称等。年龄称主要以"大爷""大妈""叔叔""阿姨"等来称呼。使用称呼时，一定要注意主次关系及年龄特点，如果对多人称呼，应以年长为先，上级为先，关系远为先。

第五节　名片礼仪

引言导语

中国传统的名片和现在社会上通用的名片样式是不同的，现在我们所用的名片也和握手礼一样，是从国际社会上借鉴而来的。递接名片的礼仪是人们在见面初期颇需留心的一种待人接物方式。名片礼仪包含了很多行为的通用规则，如递交给别人名片时，应双手拿住名片，身体前倾，面带微笑，看着对方的眼睛，说几句客气、寒暄的话，把名片的正面朝向对方，这些行为在递交名片过程当中缺一不可，无一不表现着对对方的尊重。

经典案例

细节彰显礼仪

小刘与小李两位秘书在门口迎接A市的企业部门总管，当一辆小轿车驶到的时候，一男士下车。小李走上前道："秦总，您好！"因为一手拿资料就单手呈上自己的名片，又道："秦总，我叫李丽，是××单位的办公室秘书，专程前来迎接您。"秦总道谢，用左手拿名片放在了衣服兜里。小刘上前："秦总好！您认识我吧？我们经常有业务对接，和你们企业办公室主任经常谈起您。"秦总点点头。小刘又问："那您听说过我没？"秦总尴尬不已。

专家解读

小李有三处做得欠妥当：一是作为秘书在这个环节递名片是不合适的，如在饭桌上另当别论；二是不应该主动介绍自己的名字，应该介绍自己为"我是秘书小李"；三是为表达对企业主管的尊重，应该双手递名片，并且名片的文字要朝向企业主管。

企业主管的不妥之处在于拿到别人的名片要仔细阅读，用双手拿并把名片郑重保管。

小刘有两点不妥：一是不应该问秦总认不认识自己，因为这与接待任务无关，主动打招呼问候即可；二是更不应该追问那句"我是谁"，别人说认识你，也许并非真的认识你，只是避免双方尴尬的一个应承而已。此时小刘应该说声"请上楼，到我单位会客厅"。两个人在门口迎宾，工作上应该提前分工好。

要点综述

一、递接名片

1.将名片的正面朝向对方。

2.双手接还是单手接的问题。我们中国人讲究递交物品时要用双手，只要对方的身份不是特别高，名片是双手递来的那就用双手接，是单手递来的就用单手接。但是如果用单手接，最好使用右手而要避免单独使用左手，因为在有些国家的文化和习俗中左手表示不洁。

3.递交给别人名片时身体要前倾一点，这才是一个典型的谦谦君子式的中国公务人员形象。不论是在递交名片过程中，还是在递交其他物品过程中，身体都要适当地往前倾斜，最好不要太过挺胸。可以把这个前倾的动作进一步地延伸一下，与别人握手的时候身体要前倾一点，与别人打招呼的时候身体要前倾一点，听别人讲话的时候身体要前倾一点，在会议室里开会时身体也要前倾一点，这是我们中国人在公务场合里对尊者尊重的一种表现。

4.递交给别人名片的时候，最好简单地做一下自我介绍，并说几句客套话。比如，"您好，很高兴认识您！""您好，我叫×××，我来自×××单位，很高兴与您认识，希望我们今后保持联系。"

5.递交给别人名片的时候，要把名片的正面朝向对方，而不是朝向自己。

二、接受名片礼仪

1.当他人主动将名片递给自己时，应当毕恭毕敬地接受，一定要表现出自己对对方的恭敬、重视、诚恳之意。

2.要起身站立,迎上前去,并辅以"谢谢""很高兴认识您"等话语。

3.应用右手或双手将对方的名片郑重其事地接过来,但不要立即收起来,也不应随意玩弄或摆放,应捧到面前,从头至尾认真地看一遍,最好能将对方的重要信息轻声地读出来,以示敬重,看不明白的地方可以及时向对方请教。

4.应将对方的名片郑重其事地收藏于自己的名片包或是上衣口袋内并随之递上自己的名片。如果接受了对方的名片,而不迅速递上自己的名片,也不说明原因,是非常失礼的行为。

5.要注意在交换名片时最忌讳用左手递送和接受名片。

温馨提示

名片是当代社会最经济实惠、最通用的介绍媒介,被人称作自我的"介绍信"和社交的"联谊卡",具有证明身份、广交朋友、联络情感、表达情谊等多种功能,是公务往来中使用最为频繁的工具。

第四讲　公务沟通礼仪

导语："沟通"一词，最早出现在《史记》中，"沟"，指水沟；"通"，指此端到彼端。两词合二为一，意指开沟使两水相通，后来演绎为双方通过有形与无形的语言，彼此相通。

公务沟通礼仪主要是指公务人员在与上下级、平级、广大群众等沟通具体事务以及对外交流中，必须掌握的沟通礼仪规范、规则和要求。

当今社会，公务沟通礼仪在党政机关、企事业单位公务活动等交流中显得更加重要，因此公务人员必须掌握日常沟通礼仪。公务人员识记、理解、掌握且能自然、灵活运用公务沟通礼仪，可以积极有效地促进、推动各方面工作，既能让自己愉悦、高效地工作，也能给他人带来激励、鼓励与欢心，共同营造优良的文化氛围，提升工作成效。实践证明，公务沟通礼仪可以成为有效的人际关系"润滑剂"，能为个人、集体创造更多有形与无形的价值。

第一节 搭建和谐公务沟通关系

引言导语

搭建和谐的公务沟通关系，一直是我国各级各部门积极推进的基础工作。随着我国各地经济快速发展，有些公务人员需奔赴广阔的农村开展乡村振兴工作，有些公务人员需深入新技术革命第一线进行合作洽谈等工作，有些公务人员需要远渡重洋从事海外工作等。针对多民族、多语言、多方言的复杂情况，公务沟通礼仪自然会呈现出多样性、复杂性、多变性、难度大等特点。规范、自然、灵活地掌握相应的沟通礼仪，无论是现在还是未来，无论是集体还是个体，对搭建和谐的公务沟通关系、推进物质文明与精神文明建设都具有极其重要的理论与现实意义。

经典案例

办事大厅是礼仪窗口

某税务大厅，一位中年女性税务员温和地对前来纳税的群众说："还得请您出示证件，谢谢您的配合！"前来办事的群众却说："前面出示过了，怎么还要出示？你咋办公的？"

这位税务员依旧温和地笑脸相迎解释道："根据流程，的确需要您再次出示证件，不然会影响下一步工作。前面拍得有些模糊，给您添麻烦了，对此很抱歉。再次感谢您的配合！"这位群众认为这是税务员工作失误，不是她的问题，依旧不配合。税务员只能说："如果您坚持不再出示证件，为不耽误其他人办税，就先请下一位纳税人前来办理了。"随后，这位群众找到税务大厅里的领导进行了投诉，该领导听后就对该税务员进行了口头训斥并扣除当天工资的经济处罚。

该税务员认为自己都是按照多年来被培训的语言和职业微笑表情处理办税事务的，心里感觉很委屈，随后又与一同就餐的年轻同事倒苦水，回家后又对孩子大喊大叫，发泄怨愤与不满……

专家解读

公务员在办事大厅每天都要面对各种各样的人，处理各种各样的大小事务，为提高工作效率、减少误会，需要不断提升自己的综合素养，助力有效沟通。

该案例有五个角色：税务员、群众、领导、同事、孩子。中年女性税务员具备了良好的职业素养，语言、表情等经过专业培训，已成为一种职业习惯。但她对年轻女同事的倒苦水，以及回家后对孩子的大喊大叫等语言行为表现，说明自身的内在修为、涵养还有待提高，出现了典型的"踢猫效应"。作为单位领导，在听取群众投诉后，可以先查看录像，再与下属沟通，对下属认可鼓励后再给予有效建议。比如可以示范给下属说："不好意思，我们今天的设备擦拭后有些模糊，前面让您试了下，确实如此，应该提前告知您的，为此给您带来的不愉快，深感抱歉！听您的口音是东北人哪，看到您也是性情直爽、蛮开朗的人，无论如何，这是我的失误。感谢您的指正！更感谢您的理解、支持和配合！"可以将自己的经验通过言传身教，化干戈为玉帛，避免事态进一步恶化。领导动辄对下属大声呵斥，不仅自伤、于事无补，还破坏和谐的工作软环境，实为下策。该领导需要好好学习沟通学、礼仪学、管理学、心理学、哲学等，不断提升共情力、换位思考力等高维认知力。

要点综述

上述案例是公务工作中沟通不畅的例子，实际工作中，会面临各种各样的事情。作为公务人员，只要勤学习、多实践、好动脑，就会具备优良的沟通能力与素养。

搭建和谐的公务沟通关系需要通过学习培训、选用经管专业人才、建立可行性规章制度等实现。学习培训，首先需要通过个人努力自学习得；其次需要单位多创造培训机会，提供学习平台，鼓励、督促全员不断学习，精益求精；再次需要积累实践认知，达到触类旁通、举一反三的效果。

一、上班准备礼仪

上例核心问题是该公务人员没有做好充足的上班接待工作准备。如果接待前将摄像机镜头擦拭清楚、调试好，矛盾可能不会发生。

二、学会情绪管理

公务人员良好的自我情绪管理在工作中十分重要。公务人员需要始终能够具备积极向上、虚心待人、真诚友好的优良品质。面对问题，能以正能量投射给对方。一名优秀的公务员需要具备化干戈为玉帛的能力。

三、提升素养彰显礼仪风范

素养是一个人的内在美。温文尔雅、和谐自然的公务沟通在很大程度上与公务人员言谈时的语音、语气、语调（"三语"）有关，公务人员与人交流时应注意不急、不缓、快慢有度，需要经过专业培训并刻苦练习，良好的"三语"礼仪有助于公务软环境的构建。

四、真诚微笑是最好礼仪名片

人之本性都喜欢与爱笑的人交往。面带自然微笑使人感到温暖、亲切，希尔顿的母亲告诉他：你虽然没有钱，但你有微笑。自此，微笑服务成就了希尔顿酒店。微笑是财富，不无道理。微笑，也是一个人最好的礼仪名片。因此，公务人员需要尽量做好情绪管理，培养乐观豁达的性情，这样就会由内而外散发出迷人的自然微笑。

总之，和谐的公务沟通关系是"润滑剂"，能够非常有效地减少人们之间的摩擦、误解，文雅、温良、宽厚、有礼总能使人增加好感、加深友情，做好情绪管理、懂得换位思考、多些共情力、讲究言语礼仪，就可以营造和睦、友好的人际环境。研究表明，同事们和谐相处，体内的多巴胺增加，上班就会心情愉悦，精力体力充沛，工作质量与工作效率也会大幅提高。

温馨提示

根据TPO原则，不同的场景、角色、事件等，公务人员要学会赋予沟通对象不同的有形语言与无形语言，需要掌握、熟练运用多元思维、逆向思维与发散思维等思维模式处理事务，尽量避免直线思维，学会灵活与变通、幽默与智慧。

> **小贴士**
>
> ·**TPO 原则**：是指时间（Time）、地点（Place）、场合（Occasion）三大服饰礼仪要求，做到这三方面能展现出公务人员的专业性和个人品位。随着时代的发展，该概念有了新的拓展，融入其他元素，比如情绪等。
>
> ·**踢猫效应**：是指对低于自己或弱于自己的对象转移、发泄不良情绪，强者向次强者、上级向下级等关系逐级转移、发泄坏情绪的恶性循环链条过程。公务沟通过程中，切忌产生踢猫效应。

第二节　与上级沟通礼仪

引言导语

与上级沟通交流时，除需掌握一般礼仪外，还需懂得灵活运用沟通礼仪。不仅需要注意时间、场合等基本要素，还要把握好领导的心情、喜好等细微要素。与上级的沟通礼仪做到位，对高效高质开展工作、营造和谐且充满活力的文化环境非常有益。

经典案例

讲究礼仪彰显自我

转正不久的小陈，风华正茂、意气风发，很想在单位大显身手，历经多年取得博士学位及海归经历都让他充满自信。单位领导们对他也很重视，第一次谈业务，学历低于他的主管经理就带他会见了一位大客户。席间，他大谈特谈学到的最新专业知识与国外经历，让身旁的客户、经理及其他人基本没有说话的机会。散席后，经理对他狠狠地说别太得意了，别以为自己多了不起，且表明以后不再带他出席重要场合了。经过一夜反思，小陈第二天来到经理办公室，先诚恳道歉，且表明以后会多加注意少说话。经理不置可否，没有给予更多的回应，双方关系陷入尴尬的局面。

专家解读

面对上述较为普遍的上下级沟通障碍，要学会从不同的维度思考、解决上下级关系问题。

身为博士的小陈，希望能在新单位崭露头角，犯了"欲速则不达"、恃才傲物、没分清主次的职场忌讳。宴请大客户，主要是为交流业务，主角是客户与王经理，宴席不是让他展示才华和见闻之地，中途偶尔穿插一下，调节气氛是可以的，但不能大谈特谈。第二天与主管经理沟通，小陈需要讲出具体的思考结果，如果没思考明白，可以放低身段，把博士身份"隐藏"起来，虚心请教学历低于自己的王经理，给予其尊重感，可以说："王经理，昨天很感谢您带我见这么重要的客户，给了我成长的机会。离开时，我一直反思自己的问题，觉得自己讲了太多与业务无关的内容，以后我一定多加注意。我也是太重视这次难得的机会，过于'展示'自己了，还有哪些需要改的地方，也希望您给我直接指出，对此，很感谢您的提携与帮助。"然后，静候王经理做出反应。真正的职场沟通高手是会"隐性沟通"的，是指既懂得上级意图，又能有效执行的下属。

要点综述

与上级沟通，除需要注意仪表仪态、语气语调、表达方式等基本礼仪外，还需要注意灵活运用"5W1H"原则，力求达到内容讲解简洁、条理清晰，场所选择要适宜，也需要了解领导喜好与情绪等。即便是下级也不要媚上、低三下四，给人低人一等的感觉，生命面前人人平等，应展现出自然、从容、谦虚的仪态，切不可哗众取宠、锋芒毕露、咄咄逼人，这种表现，恰恰透露出自己的自卑心理。与上级沟通具体需要遵循的礼节如下。

一、不卑不亢，事业为重。作为下级要以工作为重，遇到上级不知所措，是缺乏自信的表现，这就需要个人构建自尊体系。做到大方自然、有理有节、不卑不亢地与上级交流。上级面对的事情繁杂，作为下属首先要体贴领导，主动汇报情况，积极沟通交流。

二、把握时机，及时沟通。把握上级的性格与情绪，看到上级显露出疲惫感时，即刻结束专业性强的工作话题，要么再约时间，要么转换领导感兴趣的自然活泼、轻松愉悦的话题。沟通方式需要因领导性格而异，比如面对豪爽型领导，沟通时要简明扼要干脆；与沉稳冷静型领导沟通时，多静候领导安排。根据我国现行工作时间规定，预约或拜访最好在上午9点到11点半，下午3点到5点半之间。跨国沟通交流，需参考当地文化习俗。可以充分借用把握开会、上级领导检查工作、日常工作汇报时机，地点多选在领导办公室或其他能让人安心静气的场所。

三、诚恳直爽，简洁务实。 沟通过程中做到真诚、真实、直爽、简洁，直爽不是粗鲁。俗话说："凉菜冷饭尤可咽，粗言俗语难入耳。"与非专业领导沟通时，尽量不用专业性强的术语，避免用让对方听起来抽象、难解的词语，更不能咬文嚼字、卖弄才学，要做到通俗易懂。

四、尊重领导，保持距离。 距离产生美。特别是异性领导更要保持距离。其一，与上级交流时，距离办公桌1米~1.5米；递交材料时，注意正面向上，文字方向顺着上级的视线，尽量避免无意间的肌体接触。其二，作为下属要懂得工作之余与上级交流、交往，缩短心距，杜绝把领导当"假想敌"。其三，上级批评时，不当众解释争辩，如批评有误，可事后再告之，尤其不可当众指责或反驳上司。

五、积极适应，躬身自省。 少抱怨上级领导，多反省自己。针对不同的领导风格，学会采用不同的行事风格。比如，严苛型领导，下级多执行、少指责；亲和型领导，下属多请教、多行动；授权型领导，多做少说，拿结果说话，对下属而言，与这类领导相处，机会、挑战与风险共存。避免做"六型"下属：敬而远之型、我行我素型、自我推销型、持批评态度型、锋芒毕露型、自我否定型。

总之，与上级卓越的沟通是技术性与艺术性的完美结合，灵活掌握上述沟通礼仪有助于我们走向成功，达到上下级合作愉快、工作舒心的境界。

温馨提示

与上级沟通一定要注意把握度，带着平和之心、平常之心、尊敬之心正常交流。

> **小贴士　　　　　与上级相处有讲究**
>
> 与上级交流沟通重要问题时，尽量养成做笔记的习惯。一是以示尊重；二是让领导也随之重视，谨言慎行；三是有备案可查，以防后期沟通成本；四是有助于领导打开思维天窗。下级需注意观察、分析、总结领导的言谈习惯，掌握规律，不轻易打断，适时、适度、准确地回答与提问。
>
> **一、手机信息沟通计时机**
>
> 上级领导一般会议较多，如果不能当面沟通，又不能确定领导当时是否有空，建议先发手机短信或用微信留言。
>
> 1. 短信一定要前有称呼，后有署名。亲切称呼对方和落上自己的姓名，既是对对方的尊重，也是发送短信的基本格式。
>
> 2. 有些重要电话或活动可以先用短信沟通预约，便于对方考虑，省时省力。
>
> 3. 按照中国作息规律，信息时间一般把握在早上八点以后，晚上十点半前。与跨国上级沟通，需要遵从对方的作息规律。
>
> **二、座位选择不随意**
>
> 1. 与上级沟通交流时，距离要讲究，如果领导坐在办公桌后面，下级坐在办公桌前面的椅子或沙发上，微斜侧坐20度~50度为好；关系较熟络，可以隔桌正面落座。
>
> 2. 女性穿职业短裙落座时，注意姿态礼仪要求。
>
> 3. 在户外坐着与领导交流时，也需把握距离，不要突破50厘米左右的社交距离要求，要有边界感。
>
> 4. 在小轿车落座时，一般领导坐司机后座，下级落座副驾后座。具体细节请参考坐车礼仪。

三、走路交流有讲究

领导通常都很忙碌,作为下级有时只能与领导边走边沟通。此时需注意:

1. 提前打腹稿,汇报交流时,简明扼要,条理清楚,逻辑严谨。
2. 站在领导左侧方,面部表情要诚恳,眼神要专注地看向领导。

第三节　与平级沟通礼仪

引言导语

与平级沟通礼仪是指在与平级同事交流沟通过程中，需要知晓、掌握有形与无形礼仪规范规则。掌握运用平级沟通礼仪，有助于更好地开展工作，提升单位主体的形象，增加自身软实力，提升竞争力。

经典案例

一个失礼电话

在一个敞开式写字间，有若干同事正忙于工作，突然听到一人打电话说："不是我不在意，前面还在桌子上放着呢，出去了一趟，回来就没了，我再找找看……"无意听进耳的同事们，纷纷面露尴尬，有些人还互相看了一下，给了个眼色……

专家解读

上述场景，在很多办公场所都出现过。案例中的主人言谈，或有意或无意传递信息，产生了心理学中的影射效应，会给其他同事带来被猜疑的负面心理，这是平级间消极的沟通效果。比如，这是在说啥呢？说谁呢？为啥要这么公开说？是说给我们听的吗？该不会是在怀疑我们谁吧？丢了啥东西？贵重吗？等等。所有这些猜忌心与怀疑性语言，对同事之间的和谐关系都会带来负面影响，破坏安定团结。因此，在办公场合，如若个人物品找不到了，第一，建议自己再仔细找找。第二，不是很紧急的东西，可以暂时搁置不管，隔些时日，无意间就会冒出来。第三，如若电话沟通，切记离开办公区域交流，避免影射，规避平级之间以邻为壑现象。第四，如若问旁边的同事，可以说"不好意思，刚才我不确定把东西放哪儿了，这会儿一时糊涂，想不起来了，请问你有没有注意到呢？"对方若回复说："我也没注意到，你再找找。"本人需表示抱歉，也可以大大方方地说明或幽默、开玩笑地说："算了，不管它了，先干活，瞧我这烂记性，再说吧……"

要点综述

与平级沟通除了需要懂得、掌握、运用职场中的基本礼仪外，还需要尽可能做到相互理解、积极主动配合或协助完成工作任务，尊重、信任任何一个人的建议、主张与方案，不要轻易否定他人的想法与方案，尽最大可能谋求双赢或多赢。为实现此目标，需要讲究且强调沟通礼仪。

一、**善为本**。面对问题、任务和困难，尽心尽力主动担责，要懂得"授人玫瑰，手有余香"等哲理，要有一颗爱人的心、博大的胸怀，心存善念、感恩，认真做好每件事，成己达人与成人达己良性循环。平级之间多些交流沟通，勿过高看重自己的价值，多肯定、认同、赞扬他人的价值，多点头、微笑，勿出现左顾右盼、看表、伸懒腰、打哈欠等负面肢体语言。要有善于发现他人闪光点的眼睛和头脑，用真诚的心与同事交往。

二、**德有魂**。平级沟通时，需注意交流时的语气、语调与内容。温和、尊重、信赖的语气语调是很值得提倡的，所言之事，所说之话，均需三思。要注意调整好自己的情绪，避免心情不好时沟通交流。遵循"勿妄断他人"，忌背后论人。

三、**懂有灵**。与平级沟通，需要养成换位思考的思维模式，努力培养、提升自己的共情能力，比方说"我理解你此刻的心情，如果是我，说不定还没你表现好呢，也希望我能帮到您"。尽量能懂对方表达的意思，更好的是能研判出对方的隐藏意思，这就需要学习微表情等无形语言了，需要掌握一定的心学或心理学知识。比方说，眼睛放光，说明对方同意、认同、开心、重视；反之，相反。当一个人喜欢、欣赏某人时，他的脚会无意识指向对方，这是"神秘的脚"语言；抓扶手，意味着不想再谈；摸鼻子，表示犹豫或说假话；摆弄茶杯，表明耐不住性子了，等等。

四、**识有术**。观察、识别不同类型的人需要采用不同的沟通术，根据气质学，胆汁质、黏液质、多血质、抑郁质的人，他们的性格特质、习性、情绪各有不同，沟通时要多加注意采用不同的沟通方式。对胆汁质类型的人，要以静相处，多附和，说几句点睛之语即可；与黏液质类型的人沟通时，可以是主场，多给他们主张、建议，多些尊重，他们是很好的执行者；多血质的人多动，思维灵活，所以沟通时，多听少说，静为主，减少对他们的规则框框，多些尊重理解与支持等；与抑郁质的人沟通，需要谈些幽默风趣的话题，多加肯定、激励、关爱对方等。

五、容有度。人际交往沟通中，讲究人们要有包容、宽容之胸怀，它能显示出个人的涵养和修为层次、段位，但它需要持之有度。既要相容，又要有距。同事之间，与平级交流时一样，需要把握良好的相容度和心理与物理距离。比如，当对方说错话时，不是重要的内容，可以假装没听到。重要的内容，尽量别当众揭穿，或采用婉转的语言和方式。肢体语言和距离的礼仪：不能斜身坐、直面坐、坐太远或太近，一般把握在50厘米~1.5米左右，20度~50度夹角，注意把握好私人心理距离。力戒先入为主，避免"首映效应"和"归因心理"，忌得理训人。要善于提升与对方的相容度，用对方习惯的表达方式，比如沟通对象不习惯用表情包，你也可以不用；现在很多年轻人不喜欢60秒的微信语音，你可选择精简凝练的文字与之沟通等。

温馨提示

平级间的关系事关同事相处、工作衔接，积极有效顺畅的沟通、和谐友好的关系会助您更加得心应手。

第四节　与下级沟通礼仪

引言导语

与下级沟通礼仪是指上级与下属相处时，需要遵守、注意仪态、内容、语音语调语气、交流工具、场所等礼仪规范，遵守得当有利于上下级关系舒适、和睦、凝聚。有失礼仪要求，势必会给彼此关系造成负面影响与不良后果。

经典案例

失效的微信信息

某单位2月16日早上发通知，要求2月17日下午开会，全体职工不得请假，必须出席。

某下级看到通知即给书记用微信发信息请假。内容显示："书记，您好！因突发事情，我已于2月14日预订了17日下午的机票，十分抱歉，参加不了会议。请您准假。"书记到晚上10点看到并回复："这次会议重要，不得请假。"该员工第二天依旧乘机办事去了。发绩效时，员工看到被扣的金额，感到不满，找到负责人，说自己买机票在先，又请假了，不应该被扣。随后产生了上下级矛盾。

专家解读

该案例上下级间的主要矛盾体现在时间上。建议：第一，单位应该制定相应的制度：根据单位情况，提前多少天发开会通知，尽量避免突发会议，除非紧急情况。第二，作为下级，在安排私事时，应先与主管领导沟通一下近期单位的工作安排，不能贸然安排。第三，领导工作繁忙，该员工最好是当面或打电话请假。即便发信息，内容也需微调为"书记，您好！因家中突发紧急事情，我已于2月14日预订了17日下午的机票。事先没顾上与主管沟通，很不好意思！您看，能否不参加会议？但我会第一时间领会会议精神的。希望您能批假。十分感谢您的理解！"第四，书记看到时间较晚，不适合打电话虽符合礼仪要求，但回复的信息有些强硬，需微调为"抱歉，忙碌一天才看到你的信息。通知明天开会，的确时间有些紧张，但这次会议很重要，不参加会影响到你的工作，相信你能妥善安排私事来参会。希望以后提前三天与主管沟通后再做私事的安排。谢谢配合工作！"

要点综述

作为上级，需要与下级处理好关系，这样有助于开展、落实任务，对营造和睦、共进、凝聚的办公软文化环境意义重大，因此需懂得遵守以下基本相处礼仪规范。

一、真诚守信

对待下级，作为领导首先需要具备基本但很重要的是求真务实的品质。言出即行，令出即做，切忌出尔反尔，维护双方尊严，充分信任、认同、肯定、赞赏对方意见和建议，即使有些建议未必采纳，也应给予正面肯定，忌打压。

二、处事公道

上级处理事务时，一定要有公德心，非特殊情况，尽量做到一视同仁，这就要求领导具备公正、客观、人性化的是非判断观。

三、以理服人

要用专业的管理水平与下级高效沟通，懂得管理艺术，比如避免居高临下、勿打官腔、"批评避人，夸赞当人"、懂得运用合适的体态语、语气语调平和温和、懂得电话交流礼仪、思维逻辑严谨、表述准确清晰、了解下属的期望、及时指导、为下级带来荣誉等。

四、建立互信

群策群力，共创有建设性的工作关系，需上级享受倾听，接纳认同，乐于指导。作为上级，需要通过一言一行积极、真诚、主动地与下级建立有效信任关系，这样有助于有效沟通。上级应避免高高在上、趾高气扬，需平等平和地与下级沟通。生命面前人人平等，尊重每个生命体是个人综合素养高的体现。

五、营造环境

营造软环境指积极营造放松、舒适的环境、条件或氛围，使下级自然地畅所欲言。建议多用"咱们、我们"，鼓励开放式沟通，语言准确、简单明了，减少模糊性、让人猜的语言，采用具体的、量化的语言。勿早下结论，遵循孔子所言"勿妄断他人"。

六、随时记录

养成随时记录习惯，既是尊重对方，更能帮助记忆，落实工作。日常工作中可多用小便签、N次贴、工作任务书等形式，动作要大方、利索。

温馨提示

作为领导干部，对下级更要时时处处努力做到以身作则，身先士卒，知行合一。

第五节 跨部门沟通礼仪

引言导语

党政机关、企事业单位,在不同的时代有不同的管理理念,需要设立多层级、多维度的纵向与横向部门,为提高工作效率、更好地完成工作任务、让公务人员有个舒心的工作软环境等,需要构建、营造、讲究部门与部门间的沟通礼仪。

经典案例

隔墙有耳

刚毕业的大学生小李,受聘于某公司ER部公关部,某天到网管部协调工作,沟通不畅遇到阻碍。食堂午饭时,和本部门的同事发牢骚抱怨说:"网管部的人不好沟通,也不配合。公司规定部门间应该相互配合协调工作,为什么不愿意让他们的网管员帮我们解决电脑操作问题?气不过的我一定要到总经理那反馈这事。"隔墙有耳,旁边的老公关员王姐听到后,微笑着移步过来,说道:"小李,你好!我们是一个部门的,也希望早些解决电脑操作问题,可否听我提个小建议?"小李答道:"哦,是王姐啊,当然了,您是前辈,也想请教您呢。"王姐说:"见到张经理,可以这样说'近来我们的工作较多,电脑出故障了,过去请网管部门的技术员帮忙,他们也很想帮,而且公司也有部门间互相帮助的规定,但是,他们部门好像也有派人的难处,不知道经理能不能想想办法?谢谢您的支持!'"

专家解读

此案例告诉我们,小李秘书缺乏沟通礼仪中强调的换位思考能力,没有考虑到其他部门可能也有工作难题,不能做到平常心对人。试想一下,如果小李气呼呼地只是去向经理告状,结果会怎样?经理可能会怪罪网管部,被训斥的网管部人员也会很生气,表面上接受批评,实际上对公关部的工作拖三阻四，不积极配合。这种"踢猫效应"带来的被动工作，结果会如何？一般情况，部门间的矛盾会被激化。

这种状况告诉我们，部门间在沟通时，一定要学会换位思考，做到共情，不要单一只从自身出发，思维认知要积极阳光，考虑问题多站在对方角度，要考虑到对方也缺人手等问题，工作沟通效果会截然不同，工作任务双方会完成得更好，也不给领导添麻烦。

要点综述

有些领导错误地认为：决策是领导做的，相关部门只需要执行决策，有较强的执行力即可，不需要相互沟通，也就无须培训或懂得跨部门沟通礼仪。这种认知水平早已经不能满足现代公务部门的工作需求，也远落后于日新月异、不断赶超的国内外企业。

组织是由多部门组成的，是一个有生命的有机体，每个部门都有其特定的、重要的功能，以此支持整个组织系统正常运转，各部门间应保持彼此合作、互为信赖、支持的健康关系。如果公务部门的决策层与广大公务员不进行必要的沟通，不让他们知道单位的进展成果，下属就会感觉自己被当作外人，轻则会打击员工士气，造成部门效率低下；重则使公务部门的决策层与公务员之间形成相互不信任的敌意，产生严重隔阂，无法达成共识，有时候甚至会误解领导的意图而消极抵抗。因为他们认为决策是领导的事，与员工无关，工作成效可想而知。

工作是由人来开展的，工作中必然存在人际关系。沟通是人们的基本需求与社会现象，沟通的双向性、发散性决定了公务部门间必须建立有效的沟通关系，公务员也要懂得基本的跨部门沟通礼仪。具体如下。

一、怀着"授人玫瑰，手有余香"积极心态。发自内心相互尊重、诚信待人处世，当其他部门出现问题、有困难，主动伸出援手；对部门间的工作安排要积极配合、分工协作，不推诿、不推责，互通有无；对其他部门的鼓励、支持与合作要心怀感恩，多说"谢谢"。

二、沟通信息要注意时效性，及时、准确为礼仪原则。组织中的"对话机制"应尽量多些建设性的沟通内容。尽量不要使用过多过于专业的沟通术语。一方面，可避免不同部门的尴尬；另一方面，可提高沟通成效。

三、跨部门沟通做好电子与纸质版的档案管理。 对于机密性的内部信息，成员间要有规则意识，要注意把握好彼此间的工作关系与生活关系，无须格外强调就能自觉执行，彰显出自身的人格与德行。

四、懂得把握"角色形象"。 在什么位置说什么样的话，不越级，不卑微，做真诚、自然的角色，树立职业形象，为避免沟通混乱与障碍，需要构建组织的"角色系统"，勿歧视、轻看其他部门人员，或对他人的语音、语调、内容等指指点点、说三道四，多躬身自问，做好自己，帮助他人，形成成己达人与达人成己的良性循环。

温馨提示

为提高沟通成效，建议在适当的情境下适度模仿对方的语音、语调，了解沟通对象的交流习惯、思维方式、谈话风格等。

第六节　与群众沟通礼仪

引言导语

党中央一再强调要"以人民为中心,为群众办实事"。为达到快捷交流、有效沟通,公务人员必须懂得与群众沟通的礼仪规范,可以说,沟通力决定了工作成效,也决定了我国各级政府部门在群众心目中的形象与地位。优秀的沟通力能有效树立政府的威信和良好的组织形象。"水能载舟亦能覆舟",希望公务员都能克己复礼,深谙其道。

经典案例

群众呼声谁能懂

某政府机关为响应党中央乡村振兴号召,积极组建团队与对点帮扶村商讨如何振兴经济、合作共赢,团队负责人联系乡镇企业与某高校联手创建"乡村振兴研究室",随后招兵买马正式挂牌产学研实体。

在开展工作2年后,研究室成员间总是存在沟通错位、沟通障碍或信息滞后现象,比如高校老师未等村民说完就自以为是地去做、错解村民语意、村民看不懂文件内容等,导致执行偏差、执行力弱等问题。眼看没取得预想成果,研究室年轻成员开始以不同方式考虑自己的未来,小李想要考公、小黄准备考博、小石被外资企业所聘,"乡村振兴研究室"趋于瓦解。

专家解读

在实际工作中,与群众沟通失效的主要原因就是信息错解、信息延迟、解读有误等,为避免此类现象,在与群众沟通时不仅需要懂得沟通方法、沟通策略,也需知晓沟通礼仪。上述实例,凸显这两方面的欠缺。

可以这样做:为避免高校老师错解村民语意,可采取先与村民拉家常、听完后复述,学习当地方言与习俗,用村民能懂、通俗易懂的语言讲解文件内容,或者用现场示范等方法加强沟通成效。公务人员应注意与群众用心沟通，要让群众感受到帮扶公务人员的真诚。如果没有交心，就如同隔靴搔痒，沟通效果会大打折扣。只有将"乡村振兴研究室"做得越来越好，才具有凝聚力，才能留住人才，产生磁铁效应、虹吸现象。

要点综述

公务人员在做政务沟通工作时，需要认真、耐心、真诚、温馨地予以专业性沟通，积极、正面、专业地引领群众，尤其是让文化水平不高的百姓们不仅能畅所欲言，还能言之有物，快速交流，解决问题。为达到此沟通成效，公务人员需要注意以下沟通礼仪，做到在"道"上运用"术"。

一、营造舒适温馨的沟通氛围。良好的沟通氛围是关键。公务人员对群众应做到内心尊重、认同、接纳，真心希望能用专业素养、专业技能帮助群众解决问题。平易近人，热情助人，耐心谦恭，不能居高临下。忌对群众不理不睬、怠慢轻视、推诿训斥、讽刺挖苦等。群众来访时，在公务人员面前，一般会显露出卑微状态，为体现出人与人之间的平等公平，公务员应先微笑，主动握手问好，以尊称相称，注意要用正确的引导方法和引导姿势，为其让座等，忌让群众坐冷板凳。如遇正电联或正与他人交谈等不便打搅时，可用手势或点头致意等肢体语言表示问候和尊重。

二、保持冷静认真倾听记录群众的意见。公务人员应保持冷静、认真倾听，做好"问、答、听、记"四部曲工作，可根据要求录音、录像。不急不恼、待之以礼，既不能毫无热情，又不能无原则地同情，做到不卑不亢。晓之以理、以法、以情动人，忌简单粗暴、漠不关心、麻木不仁等。对无理要求或错误意见，应有礼有据有节地拒绝，避免用不良的失礼语言、语气、语调刺激对方，造成不必要的不良后果。对群众提出的要求和意见，一时不能作答的不宜表态，尊重事实，三思而后答，必要时请对方签名，认真核对，但不可诱导对方；当对方告辞时，应起身相送，并主动道别，切不可有驱逐之意。倘若必要，应主动与来访者保持联系。

三、真诚搭建有效信任的关系。与群众沟通时，需要遵守属地、属人、属事"三属"礼仪原则，尽可能给群众通俗易懂的明确指令，做到分级负责，归口管理。与群众建立有效信任关系，公务员首先要做到信任群众,相信群众的力量。

当群众与你相遇想要咨询问题时,应减慢步速、点头示意或向外侧让路等,用无形语言诠释公务员的礼仪素养,做到亲切、有礼、有节,从而有益于化解矛盾解决问题。

四、防止一言堂式的单向沟通。与群众沟通时,尽量避免一言堂式的单向沟通,要体现人文关怀,积极引领群众表达真实想法,言简意赅地指出问题症结,用专业知识和人生智慧帮助其解决问题,营造出和谐、融洽、健康向上的干群关系,构筑"凝心工程"。

温馨提示

干群关系的构建,重点是要做好"凝心工程"。所谓凝心工程是指凝聚人心的系列工作法。人和能出感情、出健康、出效率,从而能出凝聚力、出战斗力、出生产力。比如,公务员可以适时地组织、参加、开展各类喜闻乐见的文体活动,最好是具有当地特色的民间活动,这是双赢、多赢的举措。可以采取"三分三合"法,这样可以形成相互尊重、相互理解、相互支持,人和气顺、政令畅通、运转有序、蓬勃发展的良好氛围,可以真正激活干群内驱力,形成高效、规范的工作沟通机制。

小贴士　　非正式场合着装宜朴素简单

服饰礼仪讲究着正装办理公务,税务、公检法着正装代表神圣威严、不可侵犯,其他情况场合,公务人员着装太正式,会与当地群众拉大距离,不利于沟通,或许会得到不实的信息资料,朴素、接地气的着装会更易建立联系,让群众畅所欲言为沟通之本。

第五讲　公务会议礼仪

导语：会议是公务活动中上情下达、下情上报、统一思想、形成共识、协调配合、推动发展、教育引导等各项事宜的重要渠道、载体和活动，是任何组织在运行过程中必不可少的一部分。但如何开会、如何开好会，却并不是每个会议组织者都明确的；参加会议是所有组织中的成员都要经历的行为，但并不是所有参会人员均懂得会议礼仪。

公务会议礼仪因会议的类型不同而有所区别，但无论何种会议，对于组织者而言，从会议筹备开始，到会议接待、会议主持等都要符合相关礼仪规范；对于参会者而言，言行、衣着等也要遵守相关会议的礼仪要求。公务会议礼仪是使会议做到会而有议、议而有决、决而有行、富有成效的必要保证。遵守公务会议礼仪，是会议组织者、参会人员组织能力和职业素养的体现。

第一节　会议类型划分

引言导语

因会议的性质、目的、功能、规模等不同，会议的类型各异。不同类型的会议在会议准备、会议过程、会议礼仪等方面既有共性又有区别。对会议类型的掌握和熟悉，是办好会议的前提。

经典案例

开会有要求，目的各不同

某局新任领导到来后，要开展基层走访、调研，每到一个部门，都要召开座谈会或调研会，局办公室针对不同部门，策划不同调研主题或座谈主题。

经过一个多月的基层走访，局里了解到当前群众普遍关心的问题、亟须化解的矛盾及下一步发展的期望等。局里针对一些现象和问题，出台了一系列整改方案，方案中对问题责成部门、负责人、时间等都做了详细布置，方案经过多方沟通后，在局党组会上通过，党组会还对整改目标、进程等工作提出了进一步的要求。方案出台后，一是通过局域网进行发布，二是召开了各部门负责人参加的动员会，会上对整改工作进行了全面部署。

专家解读

上述案例里涉及三种类型的会，即座谈会或调研会、党组会、动员会。这三种类型的会议性质、目的有所区别。征求意见、调研需要前期确定主题，不能漫无边际、走哪说哪，有针对性地开展调查研究能够帮助领导干部更好地掌握情况，更有针对性地解决问题；仅仅调研回来、发现问题，并不意味着工作结束，还需要对问题进行梳理、归纳整理、分析原因，在此基础上出台切实可行的整改方案。整改方案也不是由某个人或者某些人确定就行，而是需要单位的最高决策小组通过会议集体决策，因此这类会议的参会者要充分发表意见，对方案提出切实可行的意见和建议，并表示是否同意方案的出台和发布。等方案完全确定下来之后，有时候只需要在网上发布、各部门遵照执行就可以，但一般情况下需要召开动员会或部署会，会上要明确此项工作的重要性和意义，并明确方案的执行。

上述案例的会议类型是根据会议的性质和内容来划分的，除此之外，会议类型的划分还有很多不同的角度，如按照主办单位的性质、会议规模、会议活动的特征等不同角度来划分。

要点综述

1.按照主办单位的性质来划分，有党政机构和事业单位召开的会议，有社团、学会、协会、理事会等召开的会议，有公司企业等召开的会议。

2.按照会议规模划分，根据参加会议的人数，可以划分为大型、中型、小型会议，还有在重大庆典、重要节日等举行的特大型会议。

3.按照会议活动的特征划分，有政治性会议、商务性会议、文化交流会议、培训会议、专业学术会议等。

4.按照会议性质和内容划分，有商讨类会议、决策类会议、执行类会议、培训类会议、表彰性会议等。

会议的类型不同，开会的方式就有区别，也决定了参加人员的身份、参加人数、主持人的确定、会议议程的设置等。但其各类型也并不是截然分开的，有可能某个会议中既有协商的内容，也有决策的内容。如职工代表大会，既要通过一些涉及群众利益的政策、措施和报告等，又有分组讨论、征求意见的部分。这里对会议性质和内容分类的会议进一步分析。

一、商讨类会议

一般是指议题方案拟定、意见调查与征询、工作评审预评估等会议。主要包括调研会、征求意见会、筹备会、评审会、座谈会、专题讨论会等，属于了解民意、收集信息、商讨方案的会议，为后续工作奠定基础。召开这类会议既是工作程序需要，即了解民情、征询民意需要，又是从不同角度提高工作成效、完善议题方案的必要环节。

商讨类会议主要任务是信息沟通、权责划分和统一思想。信息沟通主要是指各有关部门围绕既定议题进行充分的讨论和交流，交流沟通内容既包括一些与议题有关的基本事实和基本条件等客观信息，也包括对该议题的认识、态度、判断等主观信息。权责划分主要是指涉及多个部门的议题，在完成中各个部门职责的讨论以及划分，包括牵头部门、配合部门、负责人、执行人等。统一思想主要是指为在后续的决策和执行过程中顺利，各方先形成一致看法。

商讨类会议召开通常由牵头部门召集，与议题有关部门负责人或分管部门领导参会，主持人一般由上一级领导担任。参会者会议坐席一般没有严格要求，如有，可根据参会者身份而非部门行政级别安排。专家评审会邀请的相关专家要与议题紧密相关，需要专业知识丰富、熟悉相关要求及规定、具有一定经验的专家。

商讨类会议议题数量一般较少，讨论时长无严格规定。如果议题过多，讨论不透彻、不充分，会影响讨论结果。涉及一些事实信息、基础数据等，无须过多讨论，而涉及判断、态度等主观性较强的信息时，则容易引起不同意见和观点，引发争论。如果争论各方不能互相协调，则需要上一级领导来协调解决。

二、决策类会议

决策类会议是指一些集体决定规划总结、事业发展等会议，如各类型领导小组会、工作联席会、党政联席会、党委会、办公会等，都属于这类会议。这类会议的召开目的是通过会议给相关规划、总结、决策、政策、办法等议题的执行和实施"拍板"。

决策类会议参会者因会议不同而不同。如招聘领导小组会的参加者为单位事先确定的招聘领导小组成员，小组成员既包括单位最高层领导，也可能包括单位组织、人事、办公室等部门负责人等；党委常委会则由党委常委参加。

开会过程也因会议内容不同而有所区别。如上面招聘工作领导小组会要对当年招聘人员做最后的审定，由人力资源部汇报招聘计划情况、报名情况、审查考核情况、面试情况及拟录取情况等，领导小组成员对过程、人员进行审核确定；党委常委会则可能有多个议题通过，根据事先的会议议程，轮到哪个部门议题哪个部门进会场汇报，汇报完毕即可离会。会议发言时，可以是最高职位领导（如厅长）"点名式发言"，即部门汇报完方案之后，先由分管副厅长进行补充，表明观点，然后厅长会一一点名，请其他人员发表意见，当所有人发言完毕后，厅长可综合大家的发言，提出自己的观点与要求，最后做出决策。

决策类会议的议题绝大多数是原则性通过。因为一般要结合会上的各方意见进行修改完善。最后正式成文的议题内容是在修改基础上而成的。这类会议一定要做好会议纪要，还要根据党务公开和行政公开要求在网上或其他渠道公布。会议纪要相当于议题正式执行的合法性文件。

三、执行类会议

执行类会议是指贯彻执行路线方针政策、推动政策落地的会议。如部署会、动员会、汇报会、调度会、总结会、现场会等。这类会议的目的是在相关范围内进行"全民"告知，让大家都明确任务、担负职责、规划好时间、掌握好进度、朝着一个目标努力，促进政策落地和方案的落实。

需要多部门协调合作才能完成政策落地或需要多数成员都参与才能完成的行动方案等，需要召开执行类会议。比如某市创建文明城市工作，涉及城市建设的方方面面，需要在全市范围内召开动员会；再如某高校要开展本科教学检查工作，就需要教务、学生及各二级学院等协调配合。

执行类会议多是以现场会、专题会的形式召开，布置任务、动员部署、明确责任等，参会者一般来自涉及政策和方案的执行部门。在执行过程中可能还涉及中期检查、阶段汇报、监督检查等会议。

四、培训、学习、交流类会议

这类会议主要是进行技能交流、知识传递、学术成果交流等。这类会议事先也要确定好主题，遴选好专家和培训教师，确定好培训内容和培训时间等。在邀请专家时，要考虑专家学术领域、知识结构、经验经历等与培训主题、内容密切相关。对参与培训人员、时间等也要有严格要求，如是否考勤、是否提交学习体会、是否封闭培训等。

五、表彰性会议

一般而言，各地方、各单位都会在重要节日、年终岁末等举办表彰大会，对在不同岗位辛勤工作、取得较好成绩的成员进行表彰，还有在重大活动或某个领域作出重要贡献的人，也会有组织者进行表彰。如某省老干部工作先进集体和先进工作者表彰大会、某县见义勇为表彰大会、某年度优秀党员、优秀党务工作者和优秀党组织表彰大会等。

表彰大会要做好表彰典礼前准备，如拟定议程、人员分工、场地布置等，对颁奖环节中主持人安排、领导致辞、表彰名单、颁奖音乐、颁奖过程、合影留念、获奖代表发言等每一个环节都要认真策划好和执行好。

温馨提示

会议类型划分不是绝对的，在会议组织过程中不能生搬硬套，要根据会议组织者、会议内容、会议规模等综合考虑会议筹备。无论何种类型的会议，都要做到精心策划、环环相扣、注重细节、注重实效。无论哪种类型会议，都应是需要开、有必要开的会议，而不是为了开会而开会。

小贴士　　　　会议交流注意事项

诚恳大方的说话态度、自然得体的表情和肢体语言、简洁明确平易通俗的语言内容等都是会议交流中要注意的问题。正确把握会议交流中言谈举止的礼仪，是树立良好公务形象的重要内容之一。

1. 恭敬之情要表达，切忌随意递送；
2. 微笑致谢接名片，切忌漫不经心；
3. 场合适宜对方允，可加微信再联系。

第二节　会议筹备礼仪

引言导语

根据要求和会议精神，做好会议筹备工作，是保证会议顺利进行、取得良好效果的基础。会议筹备工作是否周到细致既体现了会议组织者对会议的重视程度，也体现了组织者的策划能力、协调能力、组织能力等。会议筹备工作主要包括成立会务组并进行分工、确定会议时间与地点、向参会人员发通知并沟通具体事宜、准备会议材料、布置会议场地、与社会媒体联络等。

经典案例

会议组织很重要

A市准备在新学期开学前召开一次全市中学负责人会议，会议时间、地点均已确定，没想到来参会的人数比会务组原先确定人数多了一倍，会务组在发现这个问题后，马上启动应急方案，确定更换会议室，但原来准备的会议材料需要重新加印，慌乱中出现装订错误，有的参会人拿到的材料中有装反页面的情况。会议一开始，主持人在介绍到会专家时，参会人员发现此专家并没有到会场。

专家解读

会议筹备工作要求是非常细致、周密、详尽的，既要考虑整个会前、会中、会后各环节不能出错，又要注意每个环节中每一项细节性工作，比如会议通知是否明确、会议材料是否有错别字等。上面案例中存在的问题主要是组织工作不细致，具体体现在以下几个方面。

1.会议通知中对参会人员要求不明确，应该具体写明人数或者写明参会人员具体身份。

2.因到会人数增加问题，导致材料加印和装订过程中出现错误，一方面是因为工作流程中缺乏检查、把关，另一方面也说明"应急方案"并不细致，没有起到"应急"的效果。

3.一般而言，会议邀请的嘉宾都是事先沟通好，嘉宾因一些突发情况不能参会也会及时跟组织者沟通，组织者应及时调整并更改会议材料、主持词等。本案例中，现场组织者在会议开始前，没有进一步核实现场嘉宾参会情况，在主持词中没有进行相应调整，导致出现嘉宾未到场而被现场介绍的现象。

上面案例是一个极端案例，但很典型地反映了筹备工作中容易出现的一些问题。

要点综述

会议筹备礼仪是会议举办过程中应该遵守的行为规范，体现在会议筹备过程中每一项具体工作中。会议筹备礼仪包括以下几个方面。

1.根据会议特点和内容、要求等精心筹备会务组。准备召开正式公务会议首先要成立会务组，会务组成员组成要根据会议内容、规模、主题等来确定，会务组组长一般由高一级领导担任。

2.拟定会议筹备方案。会议方案应体现出全面、具体、明确等特点。涉及会议组织与管理各方面要考虑周全，会议筹备过程中每个时间段和环节要详尽、具体，筹备部门和人员的工作职责、要求、时间节点等要明确清晰。同时，还要考虑到一些突发情况，有应急预案。会议筹备要严格时间、明确事项、实事求是，既不要草率行事，又不要铺张浪费。会议筹备方案包括会议名称、主题、议程、时间、地点、参会人员等基本信息，会务组组成及工作内容、工作要求、完成任务的期限，以及会议经费的预算等。

3.召开筹备工作启动会并进行明确分工。成立会务组后，要召开筹备工作启动会，向会务组成员说明会议意义、重要性及要求等，对会务组成员进行分工。会务组还要分成若干小组，各小组既要有自己的职责和任务，又要相互协作和沟通，要了解其他小组工作任务和工作内容，以便互相配合。会务组一般包括以下几个小组。

（1）总体协调组：负责整个会议筹办、举办过程中的协调沟通工作，监督其他小组进展节奏与质量，解决各小组进展中需要解决的问题等。

（2）材料准备组：负责会议所需材料整合、印制、装订、装袋等。此项工作是脑力和体力结合的工作，既需要熟悉材料内容、数量等，及时发现材料内容中存在问题，材料数量是否匹配等，又需要将每一套材料准确无误地分类、归纳、装袋，中间不能出现多装或少装等错误。

（3）对外联络组：负责邀请出席会议上级部门领导、嘉宾等，要跟受邀者明确会议时间、地点及参会中具体任务等；负责联络通知其他参会者，明确参会时间、地点及会议要求等。

（4）宣传报道组：负责会议摄影、摄像、宣传报道等工作，联络社会媒体对会议进行报道，面向不同媒体进行新闻报道策划，制作会场横幅，营造会场氛围，制作会议简报等。

（5）会议接待组：负责外来参会者接机接站、住宿餐饮、车辆租用安排等，负责引导参会人员签到、材料分发、入场入座、离场等工作。如果会议规模较大，参会人员较多，可将参会人员分组，每组有一到两名对接人员。

（6）后勤保障组：负责确定会议场地、布置会议现场，负责参会人员的住宿地点、用餐地点与时间协调安排，采购、保管、发放会议所需物资，负责会议经费预算、管理等。

4.确定时间、地点、参会人员等具体事宜。会议时间，一般应是主办单位与相关方进行协商并报上级部门和领导同意后确定。在确定会议时间时，要考虑到主办方的时间安排，重要嘉宾的时间安排，参会人员时间安排，会议举行期间季节、气候等，还要与会议主题、会议内容相适宜。会议地点和会场大小一般根据会议规模和重要程度等来确定，大小要适中，地点要合理。如果是短时间会议，可把会场定在交通便利、与会人员比较集中的地方；一天以上会议，也尽可能选择与会者能够乘坐不同交通工具到达的地方，不宜太远。还要检查会场桌椅、灯光、通风、消防、卫生、电脑、投影、录音、扩音等设施设备是否完善，会议地点是否有停车场，住宿、餐饮是否便利并符合相关规定。参会人员一般根据会议主题和会议内容来确定。特别邀请嘉宾要事先沟通，避免嘉宾因别的安排不能到会。

5.起草会议通知并通知参会人员。会议通知中应包含会议名称、会议主题与议题、会议时间与地点、会期、参会人员身份、职务职称、人数，参会前准备、参会的要求以及回执时间、回执内容等。拟定会议通知时要反复检查审定，不要出现低级错误。参会人员通知方式可根据会议规模、会议内容、会议紧急程度等采取不同方式，如当面通知、电话通知、电邮通知、信函通知、微信通知、公告通知等。在通知时应尽量确定到会情况以及具体到达时间，并做记录，便于后续的会议接待工作。会议通知发出后，非不可抗力因素一般不要轻易更改。

6.准备会议相关器材物品。会议相关器材物品包括场地、设备、材料三个部分，场地布置包括主席台桌椅、名签，参会人员的桌椅、名签，签到处的位置，现场旗帜、横幅、宣传标语等；设备包括电脑、鼠标、投影仪、大屏幕、镭射指示笔等；资料包括签到簿、参会名册、会议议程、会议所需资料等。会议资料较多时，可根据会议议程依次排放会议资料，必要时可装订成册。装订成册时一定注意会议资料的页码、正反面等有没有错误。如果给参会人员的资料较多，还需要每份材料装入材料袋中，方便参会人员拿取。

7.拟定会议应急预案。会议应急预案是对因不可抗力等因素导致的会议延期、会议取消或者会议举办过程中的突发性事件的处理方案，目的是早做准备，防患于未然，在出现意外事件时能够从容应对，妥善处理。

温馨提示

会议筹备工作很辛苦，但必须耐心细致、考虑周到、互相提醒、防患于未然，既要抓全局，又要抓细节。切忌在准备中推诿扯皮、互相甩锅，也切忌在筹备中应付差事、得过且过。会议筹备工作不充分、不细致，造成的恶劣影响不仅仅体现在这一次会议中，还可能影响会议组织者的社会认可度、美誉度。

> 🔔 **小贴士**　　　　　　　**演讲小技巧**
>
> 在会议上演讲，以下几点帮助你更加出色地展现自己。
>
> 1. 自信。自信是演讲成功的基石。充分准备，提前熟悉演讲内容，可以让你在台上更加自如。深呼吸、微笑，与听众进行眼神交流，这些都能有效缓解紧张情绪，展现你的自信。
>
> 2. 互动。与听众建立互动，能够增强演讲的吸引力。可以适时提问，引导听众参与讨论，或者分享一些有趣的故事和案例。倾听听众的反馈和回应，及时调整自己的演讲方式，确保演讲内容能够引起听众的共鸣。
>
> 3. 技巧。使用生动的手势和面部表情来强调关键信息，这有助于吸引听众的注意力。控制语速，避免过快或过慢，保持稳定的节奏，让听众更容易理解你的内容。使用故事和实例来阐述观点，这有助于让演讲更加生动有趣，并加深听众对内容的理解。

第三节 公务会议接待礼仪

引言导语

公务会议接待是公务会议中非常重要的一项工作，会议接待礼仪是会议主办方在接待来宾、参会人员过程中应该具有的礼仪规范。经过前期精心筹备，会议前期工作完全就绪，随着会议召开时间临近，就进入与参会者沟通报到等事宜，会务接待工作就开始了。因此，会务接待工作可以说是从会前开始，贯穿于会议整个过程，直至会议结束。会议接待礼仪也应贯穿始终。

经典案例

会议接待要严谨

B省召开全省体育先进城市建设现场会，各地级市、区县的相关分管领导和相关部门负责人参加会议，会议主办者为B省体育局，承办单位为体育先进城市评选中排名第一的C市。经过前期大量会务筹备工作，参会人员如期报到，报到现场接待人员互相之间打打闹闹，高声笑谈。一名参会者向接待人员咨询问题，问了三个人都没有明确答复，三人说法不一。会议进行时，一名接待人员频繁出入会场，动静也很大，影响会场气氛。会议结束后，还有参会人员没有离开，就已经找不到会务组织者了。

专家解读

会议接待工作是头绪多、工作量大又容易出错的工作，但会议接待的重要性不言而喻。会议接待礼仪体现在会务接待人员与参会者沟通交流的每一个言语和行为中，也体现在会议召开的每一个细小环节中。上述案例中，接待人员忽视了接待工作的严谨性，在接待现场互相开玩笑、高声谈话非常不妥，表现得"很不专业"。接待工作虽然不要求一板一眼、太过严肃，但也不能太过随意，要保持亲和力，使来宾有宾至如归的感觉。一旦会议开始，就要保持会场内安静有序，工作人员不管出于什么原因频繁出入会场，都是对会议现场的打扰，影响参会者心情，干扰参会者的注意力。会议接待工作贯穿在整个会议过程中，直至最后一个参会者离会，像案例中会务接待人员早早撤离的现象是不符合会议接待礼仪的。

要点综述

会议接待礼仪包括迎接礼仪、签到礼仪、引导礼仪等。

一、迎接礼仪

迎接工作是整个公务会议接待中"第一时间、第一服务、第一印象、第一感觉"的工作。迎接礼仪也是第一时间的礼仪。公务会议接待中，迎接工作通常包括机场、车站迎接，来宾下榻处迎接，室外大门口迎接，重要场所迎接，会议地点门前迎接等。

迎接人员服饰要与自己的地位、身份、年龄相协调，还要考虑接待嘉宾身份地位等。如果是志愿者，要统一着志愿者服装，如果是工作人员，要头发整洁、穿戴干净大方、修饰文雅。所有工作人员必须佩戴相应工作证牌。接机接站时要掌握好前往机场、车站等所用的时间，务必要在与会者抵达前先到达机场或车站，还应注意在接站牌上写上对方姓名以引起注意。接到对方后应主动安排志愿者等帮对方提行李，行为举止要符合接待要求。无论在哪里迎接，都要展现良好的精神状态，表达得体、表情自然，不要戴墨镜、打太阳伞或互相之间打打闹闹、乱作一团，避免伸懒腰、打哈欠、抠鼻子、挖耳朵等。如打喷嚏、打哈欠不能控制，应侧向一边，用手臂遮挡。站立时既要抬头、挺胸、收腹，又要自然放松，双手自然下垂，不要双手抱在胸前或背在背后、插入袖口，不要左右晃动。行走时步幅适当，步态放松，节奏适宜，不要莽撞。

二、签到礼仪

会议签到是会议召开前一个重要的接待工作。通过签到，可以了解、统计与会人员的到会情况，同时根据需要掌握与会人员的基本信息，有时发放会议资料、相关证件等也在签到处。负责签到的工作人员要态度和蔼、面带微笑、耐心细致，无论是坐还是站都要注意仪表仪态，对与会者提出的问题要认真解答。

（1）簿式签到。接待人员预先准备好签到簿，上面列好需要与会者填写的信息要求，如姓名、职务、单位等，参会人员在签到簿上按要求填写，表示到会。簿式签到优点是便于保存，利于统计、查找，缺点是人员报到集中时影响签到进度，也容易造成混乱。另外，此方法比较适合较小规模的会议。如会议规模大、人数多，采用此方法时可分组进行。

（2）证卡签到。会议组织方已事先将印好的签到证发至参会人员手中，要求参会者进入会场时将填好信息的签证交予工作人员，表示到会。签证卡上的信息一般包括会议名称、日期、姓名、座次号、编号等。此方法多用于大中型会议，优点是比签到速度快、方便，不易出现拥挤情况，缺点是会出现与会者忘记带卡或忘填信息等情况，而且保存、查找也不太方便。

（3）会议工作人员代为签到。工作人员事先做好基本信息统计工作，做成与会者的花名册，每报到一人就在其名单后画上"√"表示到会，缺席可用"×"，请假人员可用"○"等。此方法简便易行，但前提是会议工作人员认识绝大部分与会人员，或者来人报自己姓名后工作人员便于现场查找。此方法比较适宜于一些常规性会议或小型会议。

（4）电子签到。工作人员事先已将与会者信息、照片等录入系统并做成电子卡片，与会者报到时可刷卡表示到会。此方法快速、便捷，也便于统计，但如果后台出现故障或者与会者忘记带卡，就容易出现问题。

三、引导礼仪

对于会议邀请的上级领导和专家、嘉宾等到会时，接待人员要先引导至会客室或贵宾室，待会议开始前再进入会场的指定座位；当会场较大、有座位区域划分时，接待人员也要把前来参会的人员引导至指定区域，以免参会者进入会场后不知所去。

引导礼仪包括以下几个方面。

一是仪态仪容礼仪。要符合会议规格、要求，衣服干净整洁、发饰得体大方，面带微笑、举止优雅、体态端庄。

二是行为举止礼仪。站立状态时，身姿挺拔、不随意晃动身体或前仰后合，手指并拢垂直放于裤子两侧，不要双臂交叉于胸前或手背后面等；走路时，要配合对方的步幅，在左侧（或右侧）前一米处引导。无论在哪一侧引导，身体上半部侧身向着来宾，保持两三步距离。无论静态或动态引导，引导手势一般是五指并拢、手掌伸直，以肩关节为轴，由身体一侧自下向上抬至腰的高度后再向身前右方或左方摆动。

三是语言礼仪。引导时需要跟嘉宾交流，要注意用语礼貌，如"请""这边请""请跟我来""请注意台阶""您的座位在××"等，"请"字当头；还要注意声音大小、语气强弱等。一般会场比较嘈杂，引导时声音太小让嘉宾听不清楚，太大又过于鲁莽。如果路上距离较长，可向其简单介绍会议情况、会场环境等。

温馨提示

接待礼仪至关重要。接待工作是反映会议组织者办会能力、水平、经验等最直接的工作，接待工作耗时、耗神，即使前期已经很辛苦，还要精神抖擞地做好此项工作。接待中迎接、签到、引导等环节，每个环节都要高度重视，每个环节的礼仪都要规范，切不可让参会者"会未开、心先凉"，也切不可在会议即将结束时放松懈怠。

小贴士　　个人仪容注意事项

公务人员在会议中呈现出的外在形象，是公务集体活动中的重要印象，应当做到仪容整洁，穿搭得体。

其中面容修饰、服饰、发型等要和职业、性别、身高、年龄、脸型等个人情况相吻合，还要和会议地点、会议内容相适应。比如在正式会议中要根据需要穿正装，女士可化淡妆。去基层调研，要根据调研地点选择合适的衣饰，以朴素、雅致为主。

第四节　公务会议主持礼仪

引言导语

公务会议主持是公务会议会场上的主要组织者，主持礼仪对会议效果有着举足轻重的影响。主持礼仪虽然是由会议主持人个体表现出来的，但其背后反映的是会议组织方重视程度、办会水平和管理能力等。会议主持礼仪如果做得不到位，就可能使参会者对主办方产生不好的印象，不仅主持人个人形象受损，主持人背后团队的形象、管理水平等也会受到质疑。

经典案例

会议主持要求高

某单位要召开全体职工代表大会，大会主持人在宣布会议议程时，将由代表们书面审议的材料中"提案工作"说成了"提要工作"，主持期间手机铃声还多次响起。

在分组讨论时，某分会场主持人在会议既定开始时间5分钟后才匆匆进场，进场时手机还在通话。原定一个半小时的讨论时间，主持人自己谈观点、说看法占了20多分钟。其间，讨论还多次跑题，变成了漫谈和三三两两的小组讨论。面对这些情况，该主持人既没有提醒，也没有提要求。有一位代表正发言时，主持人似乎受到启发或突然想起什么事儿，直接打断发言者，自己发表了一些观点。讨论时间结束时，还有五位代表没有发表意见。

专家解读

无论大会小会，都要有人来主持会议。会议主持人在一定程度上是会议内容、时间、节奏和效果的把关人。公务会议主持礼仪不仅包括主持人仪容仪态、服饰礼仪、言谈举止等要符合会议要求，而且主持人对会议了解程度、对与会者发言的引导与点评、对会议节奏和时间的把控等也都属于会议礼仪范畴。

上述案例中大会主持人将"提案"读成"提要",可能是由于紧张口误,也可能是对"提案"工作不熟悉,无论属于哪种情况,都说明事先对会议议程、主持词没有很好地熟悉和准备。主持期间自己的手机铃声多次响起,这是违反会议礼仪要求的。所有参会者会前一定要将自己的手机铃声调成静音模式或关机,这是最起码的参会要求,何况是会议主持人。

分组讨论中,分会场主持人迟到5分钟,还边走边打电话进场,这是很不严肃的。提前到会、不迟到早退,这也是会议中的重要礼仪,主持人更要提前熟悉场地、到达会场。又迟到又边进会场边打电话,让在座的代表看到后感觉很不礼貌。如果确实有特殊原因不能按时到达会场主持会议,应及时委托他人代为主持一段时间,待自己处理完突发事件或状况后再轻手轻脚进入会场,在自己位置上坐好。会议讨论期间,主持人自己先长篇大论,滔滔不绝讲了20多分钟,这显然把讨论会变成了自己的发言会。其他人员没有紧紧围绕中心议题发表意见,话题跑偏,主持人应该及时提醒、纠正,将话题引回到讨论议题上。别人发言时,如果自己有所启发又想继续发言,也需要别人说完再进行,而且要给所有代表发言机会,要把控每个代表的发言时间,不能有人说的很多,有人没机会说。

要点综述

在会议过程中,会议气氛是否融洽、会议进行是否顺利、会议目的与效果是否达到,在一定程度上与会议主持人的主持水平关系紧密。会议主持既是一项工作,也是一门学问,虽然公务会议主持人一般都是相关领导兼任,没有受过专门主持训练,但了解和掌握一些基本会议主持礼仪对会议主持人的主持工作是有益的。

会议主持礼仪包括以下几个方面。

1.熟悉会议内容、会议议程等相关材料和主持词。在会议开始之前,会议主持人要明确会议目的,对主要的会议材料要心中有数,以免张冠李戴;对会议议程和自己要主持的会议内容要"精读",对可能出现的生僻词汇、人名、地名等要事先查字典,以免读错。

2.熟悉会议场地、话筒、主持台、大屏幕等会场环境和设施。是在座位上主持还是到主持台主持，是坐着主持还是站着主持，是手持话筒、台式话筒、立式话筒还是胸麦、耳麦等，是有稿主持还是脱稿主持，现场是否有大屏幕配合主持词，等等，作为会议主持人要提前明确。

3.严肃会议作风，注重会场纪律，到会时不迟到，散会时不早退；主持时精神集中、全力以赴，既不能信口开河，也不能省略内容；别人发言时注意聆听，发扬民主，不搞一言堂。

4.仪容仪表、体态姿态、言行举止等要符合自我身份，符合会议规格和气氛。头发干净、发型得体；面容整洁、充满精气神；根据会议要求着装、配饰，整洁、大方、庄重，切忌夸张另类，也切忌不修边幅、邋里邋遢。女士担任主持人时可略施淡妆。站立时双腿并拢、姿态挺拔、自然放松，坐姿时后背挺直，双手放于桌沿上，不要躺在椅背上或趴在桌子上。走路时精神饱满、挺胸收腹、步伐适中、稳健有力，切忌缩头缩脑或东张西望或趾高气扬。不能在会议进行中与邻座打招呼、寒暄闲谈。单手持稿时，一手持稿的底中部，另一手自然下垂。双手持稿时，稿件应与胸平齐。主持过程中，切忌出现抖腿、撩头发、甩头、揉眼、翻白眼等不适宜的动作。

5.注重语言规范，注意音量、语气、节奏等。主持人的主持过程主要通过语言表述来体现，所以注意语言礼仪规范非常重要。主持人要根据会议内容和气氛要求，在语言表述上或庄重严肃、或轻松幽默等。音量要适中，口齿要清晰，会场较大时要注意提高音量，以便所有与会者听清。如果是表彰会，要体现出热烈、祥和、激励等情感，如果是整改会，则要体现出严肃、认真、真诚的气氛。语言节奏要适中，思维敏捷、简明扼要，不能急匆匆读完，也不能慢条斯理、故意拖延。两个发言之间或活动之间可以说些承上启下的话，但不要长篇大论，以免喧宾夺主。

6.做好会议内容引导和会议气氛调节。在会议进行过程中，尤其是一些讨论会、征求意见会、调研会等，容易出现冷场情况，这就需要主持人启发引导、活跃气氛。如可以适当指名某人就某个问题谈谈思路和看法，也可以对前面某人发言进行复述并表达肯定后，提出新的问题，或对人们一时难以开展的问题进行点拨，让人们换一个思路或角度去思考等。要使会议顺利进行，会议主持人就要完成起承转合、启发引导、过渡照应、归纳总结等工作，引导会议朝预期的方向发展。

7.控制好会议时间、把握好会议进程。会议一般都要根据内容和议程确定时间，时间一旦确定，就要在有限时间内完成所有会议内容，既不能开会时匆匆忙忙、紧赶慢赶、抢时间，也不能拖拖拉拉、东拉西扯、熬时间。发现参会者偏离会议议题时，主持人应寻找机会做出巧妙暗示，并有意识地重新强调会议议题；如果某参会者发言时长篇大论、喋喋不休，要适当打断，留给其他人发言时间。当参会者对某个问题意见不一致、发生争执时，主持人应当设法平息争执，避免矛盾激化。

温馨提示

主持人在公务会议中起着至关重要的作用，主持人礼仪和素养直接影响到会议进程和会议效果。虽然公务会议主持人一般由一定职位的人担任，可能没有受到过专业主持礼仪培训，但会议主持礼仪培养应当是所有干部的素养教育的必修课。主持会议不仅是念稿子、排顺序，更是主持者观察能力、倾听能力、沟通能力和语言艺术等各方面素养的集中展示。要把会议真正主持好，使会议达到更好的效果，既需要主持人注意外在形象与内在气质的塑造和养成，还需要在"眼观六路""耳听八方""察言观色""能言善言""上得大场面""下得小场合""遇事不慌""临危不乱"等方面锻炼自己。不可在主持中表现个人的好恶情绪，切勿口出狂言、鲁莽粗俗。

> 🔍 **小贴士** 　　　　做个精彩的发言者
>
> 为确保发言的有效性和专业性，应做好以下几点。
>
> 1. 充分准备
>
> 在会议之前，深入了解会议议程和讨论主题。准备相关的材料和数据，确保能够清晰、有条理地表达自己的观点。如果需要，可以提前撰写发言稿，并熟悉内容。
>
> 2. 明确目的
>
> 在发言之前，明确自己的发言目的和要传达的信息。确保发言与会议主题紧密相关，并能为讨论提供有价值的观点。
>
> 3. 信守时间
>
> 在开始发言前，了解会议组织者或主持人规定的发言时间。合理安排发言内容，避免发言时间过长或过短。如果时间有限，可以优先分享最重要或最相关的观点。
>
> 4. 内容简明扼要
>
> 使用简洁明了的语言表达自己的观点和想法。避免啰唆和重复，确保信息传达的清晰性和高效性。
>
> 5. 注意听众反应
>
> 在发言过程中，密切关注听众的反应和表情。如果发现有人对发言内容有疑问或异议，可以适时解释和回答。
>
> 6. 尊重他人
>
> 在发言时，尊重其他与会者的观点和意见。不要打断别人的询问、质疑，耐心听取他人的观点，并在适当的时候给予肯定或提出建议。

第五节　公务人员参会礼仪

引言导语

参加会议是公务人员经常性的工作内容之一，通过参加会议，领会精神、了解政策、表达意见等。公务人员参会礼仪是其参会中要遵守的行为规范，是公务人员基本素养之一。参会礼仪既包括参会者衣着服饰、仪容仪态、行为举止等外在规范要求，也包括参会者要了解会议内容、明确会议目的、领会会议精神、遵守会议要求等。

经典案例

参会听会须认真

某单位在某个周二上午10：00组织一个重要表彰会，会上某部门负责人张某要作先进事迹报告。

但张某在9：45时接到一个电话，是很久不见的老同学打来的，张某就跟同学聊了起来，把开会时间忘了。其间有人打电话催促，但由于电话正忙，一直没联系到他。等张某想起来时，赶紧匆匆忙忙赶往会场，也没来得及换正装。这个插曲后，会议正常进行。会议共有三位同志作报告，但现场参会人员在听报告时有的在埋头看手机，有的在睡觉，有的在小声聊天。会议最后一个议程是领导讲话，对受到表彰的同志进行了鼓励和肯定，并号召其他人员向优秀者学习，对下一步的工作提出了要求。李某作为一个部门负责人参加了表彰会，但在随后的部门会议时，只提了一句有这么一个会，会议精神和要求并没有向部门同志传达。

专家解读

开会是公务人员经常性的工作内容和工作要求，了解和熟悉参会礼仪是公务人员必修课。上述案例中，要在表彰会上作报告的张某没有提前到达会场，而且在即将开会时接打电话以致忘了开会时间，这种因各种原因迟到现象在参会者中时有发生。不迟到不早退是参会人员应该遵守的最起码参会礼仪。会议如果有着装要求，要提前准备好相应服装，以免因事耽搁匆匆忙忙来不及换装。其他参会人员在别人作报告时或低头看手机、或睡觉、或交头接耳，这是极不礼貌的参会行为。低头看手机已成为影响当前开会、上课、家庭团聚、朋友相聚效果的很重要的一个因素，会议的抬头率、听讲率因此降低，会议的目的和效果难以达成。作为公务人员应该开会时集中精力听会，领会会议精神，遵守会议要求。案例中李某会后没有传达落实会议上提出的要求，等于白参会，只"自己消化"不抓落实，或者左耳朵进右耳朵出，会议在李某这里就没有起到应有效果。

要点综述

公务人员参会礼仪是指公务人员参会过程中应该遵守的言行规范。会议性质、目的、内容不同，参会人员也不同。一般小型会议，参会人员有领导、主持人（也可由领导兼任）、普通参会人员；有的会议规模大、规格高，参加此类会议人员就包括上级领导、受邀嘉宾、主持人、正式参会人员、列席人员等；还有的会议中会有指定人员发言，所以参会人员也可以分为主持人、发言者、听会者等。

一、参会人员应该遵守的基本礼仪

一是面容干净、衣着得体、神态大方。

二是遵守会议纪律。提前到会、服从安排、不提前退场。确有特殊原因迟到或不能参会或早退的，要提前请假或向主持人及组织者说明理由。

三是会议进行中要认真倾听报告或他人发言，并根据需要做好会议记录，见右图。会议开始时将手机等通信设备调至静音或关闭。不要随意在会场走动、聊天、看手机、看其他与会议无关的材料、摆弄小玩意儿、抽烟、吃零食、打瞌睡等。如果必须离开，要轻手轻脚，不要影响发言人和其他与会者。如果是长时间离场或者是中途退场，应该和会

▶ 与会者做好记录

议组织者打招呼，说明理由，征得同意后再轻手轻脚离开，不影响他人。

四是如有自由发言环节，自己想发言时应举手示意，待主持人允许后再发言。发言时态度平和、语言清晰、手势得体，对于不同观点表示反对意见时，应对事不对人，勿损及他人的名誉、人格，勿出言不逊、说脏话，切忌眉飞色舞、手舞足蹈、忘乎所以。

五是要尊重主持人和发言人。要认真倾听别人讲话，同时做好记录。在别人发言时，切忌随便插话或随意打断，也切忌在别人发言时窃窃私语、随意走动。别人讲话和发言结束后，应视会议形式和情况进行鼓掌致意或保持安静。

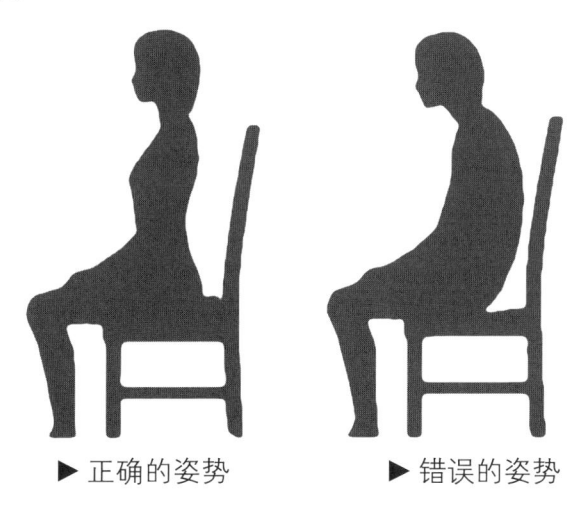

▶ 正确的姿势　　▶ 错误的姿势

二、不同参会者应该遵守的细节礼仪

1.受邀嘉宾礼仪

受邀嘉宾一般会被安排在主席台就座。嘉宾应从容、大方地走向自己的座位就座，神态自然、坐姿端正、聚精会神、认真听会，没有特殊情况在开会中途不离场。如果前期沟通中会议主办方邀请嘉宾发言，嘉宾应当事先对主办方、会议目的和内容等有基本的了解。在发言中首先对主办方的邀请表示感谢，发言要言简意赅，避免长篇大论、拖泥带水、侃侃而谈。

2.正式参会人员礼仪

如果有指定座位，正式参会人员应该在引导人员的带领下很快就座，就座后不再随意走动。没有固定座位时，尽量往前排就座，这是对会议和会议组织者的尊重，避免出现前排空着无人坐都挤到后排座位的情况。会议开始后，认真履行参会的权利和义务，比如审阅材料、投票等。会议中途的休息时间不要离开会场太远，以免在会议开始后迟到。

3.列席会议人员礼仪

如果参会者是以列席身份参加会议，应按照会务组要求在指定座位就座。不要因为列席身份参会就不重视听会，左耳朵进右耳朵出，要求发言时也要言之有物。因列席人员没有投票、决策等决定权，在这些环节中要注意回避。

4.参会发言人礼仪

会议发言人通常分为指定的正式发言人和随机的自由发言人两种情况。无论哪种形式的参会发言，都要遵守发言人礼仪。首先要面容整洁、发饰得体、衣着大方，需要着正装时要着深色正装。其次是发言时神态自然，大方稳重。无论发言时是坐姿、站姿还是从座位走向发言席，都要目光坚定、表情自然、轻松自若，控制好声音大小和语速，避免因紧张造成声音颤抖、手稿抖动或走路慌慌张张等。面对台下观众的鼓掌欢迎时，应当面带微笑向观众鞠躬或点头致意。最后要切合会议主题、重点突出、言简意赅、条理清晰，避免过于冗长、繁复或言之无物。

如果与会者向发言人提问或质疑，应礼貌、真诚地作出回答；对于一些不能马上回答的问题，应实事求是地说明缘由，对批评和建议要做到心平气和、理性对待。

温馨提示

发言人在发言时要做到围绕主题、言之有物、有理有据、表达清晰、富有吸引力。既不要口无遮拦、指手画脚，全然不顾与会者的感受，也不要唯唯诺诺、胆小怕事、不自信，让与会者产生不信任感。既不要拿着备用稿，全程低头、一字一顿、一字不落地一口气念完，与台下与会者没有任何交流，也不要离开主题信马由缰、信口开河、漫无边际地瞎聊。

第六讲　公务办公礼仪

导语：礼仪的核心是尊重。尊重是常识，是修养，也是风度。尊重不仅要尊重他人，也要尊重自己。因此，学习公务礼仪要以尊重为本，形式规范，表达得体。公务活动是礼仪重要的表达场所，严谨、自然、得体地表达自己的友善和尊敬会赢得别人的一份尊重。通过对礼仪的不断学习，做到内外兼修提升自己的综合素质与品位。

"礼，经国家，定社稷，序民人，利后嗣者也。"不论是维护传统社会的稳定还是现代国家的和谐，礼仪都必不可少，它发展至今，也无时无刻不在推动社会的进步。公务人员作为国家治理中的重要组成部分，他们的一举一动、一言一行都代表着国家形象，传递着社会文明。随着社会的不断进步，人们对于社会文明的要求也越来越高，在参与社会治理的过程中，不论是公务称谓、接待、拜访、洽谈、签约，还是公务用餐，都有相应的礼仪在其中，知礼并恰到好处地运用，才能更好地适应岗位，展现自身素养，维护国家的良好形象。

第一节 公务称谓礼仪

引言导语

称谓,是社交活动的起始环节,也是容易被忽视的环节。称谓礼仪是一个人文化素养的体现,不论是见面,还是通过电话、网络沟通,正确、得体的称谓,都可以给对方留下良好的第一印象,使得交往氛围更加亲切温和,这也是双方能够长期稳定交往的入场券。

称谓礼仪在公务活动中同样重要,选择正确、规范、得体的称谓,不仅能够展现出自身的良好素质,也可以让对方感受到应有的尊重,为随后开展公务活动创造良好的开端。

经典案例

称谓不当产生僵局

某市交通局副局长李某接到通知,一周后邻市交通局代表团要来参观交流。领导很重视此事,特地把接待筹备的重任交给李某。

接到任务的李某格外认真,亲自安排各项准备工作。接待当天,当李某见到代表团领导的时候,先是一惊,接着长舒一口气。原来李某和代表团领队杨某曾是大学校友,又同在学生会做事,李某作为学长,见到是老朋友杨某带队前来,自然放松了不少。参观过程中,李某陪同介绍,有几次随口将杨某大学时期的绰号叫了出来。当着同事的面,听到自己鲜为人知的绰号被叫时,杨某面露不悦,只是碍于来访,也没多说什么。晚上吃饭期间,李某为表示欢迎,向杨某敬酒,再次叫起了绰号。而这一次,被杨某随行同事听到后便问及绰号由来,李某大谈特谈,搞得现场气氛异常尴尬。最终杨某起身离席,原本两天的参观活动草草结束,提前返程。

专家解读

称谓本是小事,但是绝不可轻视。以上案例中,李某便是因"小"

失"大",造成尴尬局面。在正式的公务接待场合,尊重对方是第一位的,要用规范称谓,叫小名、绰号等是禁忌。李某虽然也在非常认真地准备,但因为自己的错误称谓,让对方感觉不适,造成了无法挽回的局面。

要点综述

公务活动中,首先要做到记住对方名字,避免读错、写错的情况,既不可张冠李戴,更不能戏称、调侃,然后根据具体场合,再选择合适的称谓。

一、公务称谓种类

1.以职务确定称谓

以对方职务相称,这是公务活动中常见的一种称谓方式,主要有三种形式:

(1)仅用职务相称。如"局长""主任""经理"等。

(2)职务前加姓氏。如"王局长""李主任""赵经理"等。

(3)职务前加姓名全称,用于非常正式的场合。如"李伟书记""孙涛主任"等。

在公务场合或正式活动中,建议使用职务前加姓氏的称谓,也是最为正规的称谓方式。

2.以职称确定称谓

以对方的职称相称。在公务员工作及交往中可以直接按照对方的职称进行称谓,主要有三种形式:

(1)仅用职称相称。如"教授""工程师"等。

(2)职称前加上姓氏。如"刘教授""孙工程师"等。

(3)职称前加姓名全称,用于非常正式的场合。如"李明教授""刘俊工程师"等。

3.以行业确定称谓

可以用对方所在行业或所从事的职业作为称谓直接使用。如老师、医生、警官、会计等。

4.以性别确定称谓

对于陌生人的称谓通常以性别来确定,如"女士""先生"。对于认识但不熟悉的人来说,也可以加上性别来称谓,如"王女士""张先生"。

5.以姓名确定称谓

在日常工作中,同事、朋友之间,可以姓名相称,领导对下级、年长者对年幼者均可以姓名称谓。主要分三种情况:

(1)直呼其名。年龄相仿、职务相仿,同事、平级之间,可以直接称呼姓名。

(2)只用对方的姓,在前面加"小""老"等,以形成比较亲切的称谓。如"小李""老张"。

(3)只用对方的名,通常上级称呼下级、长辈称呼晚辈。在同事、同学、亲友之间也可使用。

二、公务称谓的禁忌

1.正式场合,切勿因疏忽大意使用错误的称谓。如念错姓名,弄错职务,主观臆断对对方的年龄、职级、婚否、人物关系等做出错误判断。

2.避免使用绰号,或庸俗、过时、简化的称谓,避免过分套近乎的称谓。

3.对年长者或领导,不可直呼姓名。

三、公务称谓的顺序

在公务活动中,对于多人的称呼,应遵循"职级顺序"和"长幼顺序"的原则。

职级顺序:按照职务的高低顺序进行。

长幼顺序:按照年龄的高低顺序进行。

四、公务称谓的礼仪原则

尊重原则:尊重对方也就是尊重自己。不能因自己职位较高或年龄较长就对他人随意称谓。

礼貌原则:公务活动、社交中,记住并准确叫出对方的姓名,会让人感到亲切自然。称呼对方时要用尊称。

适度原则：要根据场合、对象、双方关系等选择恰当的称谓。

温馨提示

在正式的公务活动中，一定要提前做好准备工作，熟悉对方的职务、年龄等基本信息，遵从公务称谓礼仪规范，用正确、得体的称谓给对方留下良好印象。另外，对于完全陌生的人，可以先向熟悉的人打听，也可用"您好"等通用称谓开场，忌讳视而不见。

称谓是所有交际的起始，巧用、善用、妙用称谓，可以率先赢得对方的好感，有助于人际沟通的顺利进行，开辟一条顺畅的公务社交之路。

第二节　公务接待礼仪

引言导语

时代在急速变化，人应顺应时代发展的变化需求，做到知礼、懂礼、讲礼。掌握符合时代发展变化的礼仪规范是所有人的需要，更是公务人员对自己的基本要求。公务接待礼仪是公务礼仪的直接展示窗口，也是公务人员素质的集中体现，对内代表的是单位和个人形象，对外代表着国家形象和国民素养。正可谓："人无礼则不生，事无礼则不成，国无礼则不宁。"可见，礼仪的重要性从古至今都被放在至关重要的位置上，一旦处理不好，容易带来不必要的麻烦。

经典案例

接待礼仪无"小事"

小赵在某市街道办工作，为人性格耿直，很受领导器重，但在街道办工作总觉得有些地方不是很得心应手，常常有种无力感，情绪上也很消极。某日，单位安排小赵值班接待，接待室来了位咨询落实家属工作的来访者。

小赵问："请问这位同志，有什么事吗？"

来访人员答："没有事谁到这里来呀！来了多少趟就是没有确切的答复，今天解决不好，我就不走了。"

小赵说："同志，今天是我值班，您要解决什么问题，我都没有听清楚，况且领导都不在，就是问题弄清楚了也还要报请领导，今天肯定解决不了。"

来访人员一听这话，怒气更大了，说："解决不了？我也不想浪费时间，说了有什么用？算了，你们就是会应付老百姓。"

没等小赵反应过来，来访者已经生气地转身离开了。

专家解读

以上案例中小赵因为工作不顺利，带着情绪工作，也心不在焉地接待来访同志，来访同志想要咨询的问题没有得到解决，多抱怨了几句，结果双方都不开心，来访人赌气而走。

公务接待体现了公务人员对来访者的重视，接待得好坏或优劣直接影响公务活动的开展，上述案例中的小赵没有调整好自己的情绪，让自己的不良情绪影响了工作顺利进行。

要点综述

公务接待是最常见的公务活动，如果没有处理好，容易产生不良后果，也会影响单位的形象。所以公务人员在活动中要特别重视接待礼仪，严格按照规范来接待。公务接待礼仪规范应该注意以下几方面的问题。

一、态度要热情

公务接待礼仪首先要做到的是热情，无论来访人员是什么身份，都应一视同仁且热情周到，当然还要注意接待方法上的差异。另外，细致周到也是接待礼仪细节的体现，把各种可能出现的问题都要想到，每一个细节、每一个环节都不能马虎，要多为宾客着想。

二、要注重细节

1.客人到访敲门，应回答"请进"或到门口热情迎接，接待环境要保持整洁，如果未及时整理，要对客人说抱歉。

2.对客人敬茶要双手奉送。如果是夏天，天热要将空调调到适宜的温度，没有条件的接待室可以给客人吹电风扇等，冬天可把空调调成舒适的暖风。

3.接待过程中恰巧有事情不能相陪，应先跟客人打招呼，表达歉意，并找到其他接待人员再离开。

4.客人要走时，不可强行挽留。送客时送到大门外，分手告别时应说"再见"或"慢走"。

三、要朴素节俭

1.公务接待不可大操大办，接待用餐，以朴素节俭为原则，按照客人的人数，减少陪同人员。严格按照国家相关规定执行。

2.控制好用餐费用和赠送礼品价值，做到得体不简陋，合理不浪费。如果是外宾也要做到礼品雅致，费用不超限。

温馨提示

公务接待既是公务重要环节，也是公务活动形象工程。公务来往要本着"热情接待、节俭适宜"的原则，做到"简单而不失规范"。简单，即不铺张浪费，不求奢华场面，简约实用。不失规范，即体现在严格按中央及地方相关公务接待流程及标准办事，认真把握时、效、度，让来访人员有宾至如归的感受。

小贴士   窗口接待不容小视

窗口接待的质量直接关系到国家和政府的形象。因此，作为窗口服务的公职人员，要牢记并践行"为人民服务"的宗旨，不断提升服务质量。

一般的窗口接待礼仪包括：迎接、办理业务、送别三个方面，在整个接待过程中，耐心细致、友好热情的态度必不可少。如何做到这一点？

曾经在一次公务礼仪培训中，一位学员分享道：我对自己有清晰的定位，作为一名公职人员，代表的是国家和政府，必须具备主体责任意识。另外就是将前来办理业务的群众当作自己的长辈、兄弟姐妹来对待。

如果每一位窗口服务人员都能如此接待，不但能够享受工作的过程，还会让办理业务的群众有宾至如归的感觉，互相成就，何乐而不为呢？

第三节　公务拜访礼仪

引言导语

公务拜访是公务人员代表机关单位有目的地拜访其他单位的一种常见公务活动。通过拜访，双方沟通思想、统一意见、解决问题、交流信息，达到增进友谊的目的，如果不遵守拜访礼仪原则，容易导致一些尴尬局面，不但影响本单位的良好形象，也影响单位之间的友好交往。

经典案例

拜访熟人也要有礼仪

小张是某省级国有企业中层干部，毕业于名牌大学，专业扎实，追求上进，工作中多次受到单位领导表扬和同事们的好评。

某日领导安排他到城市投资公司洽谈一些合作事项，小张心里窃喜，因为对方单位的领导赵总是自己的老同学，就没有打招呼直奔城市投资公司。进门时，被保安拦住，他解释说和赵总约好了，保安就放行了。到了办公楼赵总办公室，直接推门就进去了。这时，赵总正在打电话，一看小张进来，愣了一下，看到老同学来了，就示意先坐一会儿，等他打完电话再说。小张没有坐下，随意地在赵总办公室翻看。赵总打完电话，问小张有什么事？怎么突然来访，也不提前打声招呼。小张说，都是老同学，领导派他来洽谈关于合作的事项，因距离比较近，就没有多想，直接就来了。赵总说，前期是和小张的领导说过此事，但双方合作内容需要确定的事项较多，需要坐下来仔细讨论。赵总又说，我下午有事，您先回吧！我这里马上要到区政府开会，改天再联系，赵总边说边匆匆出门了。小张没有完成此次洽谈任务，悻悻而返。

专家解读

小张工作非常上进，能吃苦耐劳，工作能力也得到单位的认可。但是在重大公务拜访活动中，将公务、私人关系混淆，忽视了基本的公务拜访礼仪，未能圆满完成任务。公务拜访中，要注重个人形象，提前预约，将拜访细节规范到位，毕竟自己的言行举止不仅代表个人，也代表单位形象。以上案例中小张耽误了工作，没有完成任务，应该认真总结教训，修正自己的做法，便于以后顺利开展工作。

要点综述

公务拜访代表着单位，也代表着公务员自己的整体形象，相关的公务拜访礼仪一点都不能马虎。

一、注重仪容仪表

1.公务拜访代表着公务身份，也代表着单位形象。

2.注意自己的仪容仪表，公务场合着装要整洁、庄重、得体。

3.从服饰、发型、妆容上都必须注意符合公务礼仪的要求。

4.良好的礼仪形象也是对被访者的尊重。

二、预约有礼

1.拜访要提前约定好，最好提前一周时间为宜。

2.约定方式可以是电话、函件、邮件、微信、短信等。

3.联系的主要内容有：

（1）告知自己的姓名、单位、职务。

（2）确认被访问者是否在单位，是否有时间或什么时候较为合适。

（3）向对方说明来访的内容和目的。

（4）双方确定拜访时间、地点及交流的话题。

（5）拜访时注意避开被访者的吃饭、休息时间。

4.拜访活动中一般是职位低者、晚辈、外来者约见职位高者、长辈、主人。

三、言行谨慎

1.拜访时要互致问候。

2.言谈举止得体，不可出言不逊或过于情绪化。

3.若是拜访时被怠慢也要做到不失礼节。

4.拜访会谈中有些工作需要磋商，不可轻易表态、随便许诺。

四、细节意识

1.注意拜访细节，守时遵约，客随主便，以礼相待。

2.到达被访者单位，如果对方门关着，应用手指轻轻敲门，力度适中，间隔有序，等待回应。门开后，礼貌问候再进入，进门后关门要轻，不可太重。

3.如果被访者正在打电话，可以安静地等待对方电话结束，中途不可打断对方，如因特殊原因，可以看准时机并表达歉意："对不起，打扰一下。"

4.如果对方年长或者是上级，主人没有坐下，自己也不能随便坐下。

5.主人让座后要说"谢谢"再坐。

6.对方送上烟或茶，应双手接住并说"谢谢"，如果不抽烟，可以直接说"谢谢！我不抽烟"。

7.主人送上水果时，应让年长或职位高的人先取用，自己再取。

8.未经被访者同意不可随意参观对方的办公室，更不能随意翻动桌面上、柜子里的物品。

温馨提示

公务拜访中尤其要把握一些看似平常的细小环节，即拜访前，首先要提前预约对方，征询对方方便为宜，其次着装要适合场所、简朴得体；拜访中，打招呼、寒暄、交流等，要做到入乡随俗、自然友善，使拜访彰显融洽、和谐氛围；拜访结束后，真诚表达谢意，并适时向对方发出邀请。

第四节　公务洽谈礼仪

引言导语

单位与单位之间的合作、协作，或社会各组织间的交往中需要解决一些分歧，保持适当的接触，推进合作、达成交易、商定协议、签订合同，出现分歧后的争端处理、理赔索要、消除误会等，需要组织双方负责人坐在一起协商或讨论。

经典案例

洽谈以"礼"相待，水到渠成

小建在某市民政局工作。近期，有一件事情急需协商处理。原来民政局有一个公办的"幸福苑"养老院建设工程，建设过程中出了一些问题："幸福苑"医疗病房被承建方擅自修改，缩小了面积，需要协商解决。小建作为民政局的洽谈代表，与承建方针对"幸福苑"养老院医疗病房改建问题进行洽谈。

小建在民政局担任办公室主任很多年，对洽谈接待流程、接待礼仪和注意事项都很熟悉。

当日，小建及办公室小张、小童一同在单位会议室接待承建方的张经理、孙经理和陈主任。

洽谈会场的时间、地点、场所及座次都安排得很到位，双方在愉快、融洽的氛围中交流会谈。谈到"幸福苑"养老院医疗病房的改建问题，双方各执一词，小建代表的民政局一方，要求按照原规划执行。承建方张经理一方则宣称改建是出于对医疗病房在使用过程中的优化问题而考虑。双方考虑问题的出发点不同。通过大家坦诚、深入地交换意见，并回到法律的框架里交流，双方很快在相互理解的基础上达成一致，按照最初的设计方案进行。

专家解读

以礼待人，坦诚沟通，并以法律为依据，无论什么问题都可以商谈。以上案例中民政局小建本身业务素质高，洽谈会议又安排得周到、细致又不失礼节，使得洽谈双方交流得顺畅又融洽，解决相互间的分歧是水到渠成。整个过程有礼有节，依法依规，以理服人，洽谈任务顺利完成。

要点综述

一、洽谈准备

1.公务洽谈时需事先进行准备工作，选定洽谈的场所、时间、地点等。

2.公务洽谈时双方都应正式着装注意仪表，以表示对双方洽谈事情的重视，也是对双方的尊重。

二、座次安排

1.洽谈座次安排极为重要。首先要厘清是多边洽谈还是单边洽谈。

2.如若是举行多边洽谈，为避免失礼，保持对等，一般会采用圆桌会议。

3.如若是举行双边洽谈，会谈桌应选择长方形或椭圆形，同时应注意以下几点：

（1）会谈桌在室内横放，正对门的一边为上，给客方用；背对门的一边为下，主方用。

（2）如果会谈桌是竖放，会谈桌一条短边靠近门口，门口对面是主题墙，则靠近主题墙一侧为上座，本单位内部成员开会，职位最高者可以坐在这个尊位上，即面门背景的位置。如果是主客双方需要分两侧落座，则以背靠背景墙站立为坐标，如果是外事场合或商务场合，其右边一侧为尊位，为客方；其左侧一侧为主人位，本单位人员可按顺序落座；如果是官方内部会议等公务场合，其左侧为尊位。

（3）洽谈双方主谈人在各自一方的中间落座，其他人员按照职位高低分别自近而远的位置在主谈人两侧就座。

三、洽谈原则

1. 以礼待人

双方洽谈相互之间应始终保持友好的氛围，相互尊重，以礼待人。

2. 平等商议

无论在任何情况下，洽谈双方都应遵循实事求是、坦诚交流、平等协商、相互体谅、不可随意附加条件。

3. 依法依规

双方洽谈应以法律法规为准绳，不能搞小恩小惠或人情交易等，如果触犯法律就得不偿失了。

4. 求同存异

洽谈双方都要有相互达成合作的良好愿望，在洽谈过程中或洽谈陷入困难时，也要积极面对，努力促成。

5. 有礼有节

双方洽谈如果陷入僵局，也不能失礼或失态，可以礼貌结束或改日进行续谈，万不可提议一些不切实际的要求或希望对方同情、施舍等一厢情愿的提议。

温馨提示

公务洽谈礼仪的核心是以礼待人、真诚交流，时刻不要忘记洽谈的基本原则，在法律的框架内双方友好解决分歧。

第五节　公务用餐礼仪

引言导语

早在《礼记·礼运篇》中就有记载："夫礼之初，始诸饮食。"对于用餐，吃只是形式，交流才是目的。公务员用餐活动是公务活动不可缺少的内容，一般会因具体的事件而来，例如：公务到访、合作交流、欢迎、答谢、欢送、庆贺等，通常是在特定时间、以特定事件为由进行。按照国家政策，公务员用餐要求简约，杜绝铺张浪费、大操大办。一般采用三种类型的用餐形式，即接待用餐、工作餐和宴请。常用接待用餐和工作餐，也有在特殊情况下需要以宴请的形式用餐的，一般只宴请一次，需是外地来访人员，可以是到达时宴请或送别时宴请。如果有超出规定的费用，必须向上级领导汇报申请。原则上公务用餐尽量不用宴请的形式。

经典案例

公务用餐礼仪看细节

小帆大学毕业后被分配到某国企后勤处工作，通过自己的勤奋努力，现在是国企的一个部门负责人，肩负着好几项重要的工作。

某日，小帆单位与某机械集团签署战略合作协议，这将对加快该国有企业设备制造发展，推动其成为全流程供货商的进程起到很大促进作用。该国企与某机械集团不仅要在经济上合作，更要为振兴民族工业合作，希望两家国有大型企业集团在更多方面和领域联手。

签署协议后，后勤处负责公务用餐接待工作。按照国家政策要求，接待活动以从简原则进行。公务接待用餐做到简朴而不简陋，简约而不失隆重。一切都按照流程井然有序地进行着。

确定了时间、地点、人数及宾客职位，按照公务用餐礼仪要求在该国企的餐厅安排了四桌。时间很快到了，双方领导及主人、宾客都按照桌次和位次入座。主宾客间相互礼敬，热烈交谈，双方在热烈友好的氛围中圆满地结束了接待用餐工作。会后小帆得到了领导的表扬。

专家解读

从以上案例可以得出：工作中，事无大小，任何岗位上的事都很重要，以小见大，反映的是一个人的工作能力和品质。案例中的小帆不仅有良好的个人素养，还保持勤奋好学、追求进步的态度和良好的上进心，他自己为了此次公务用餐接待没少下功夫，抽时间学习公务用餐礼仪，反复实践，精心布置和安排，达到良好工作效果。接待虽然是小事，却关乎企业的形象，小帆能出色且无任何差错地完成此次接待任务，足见其对工作准备得充分。

要点综述

一、用餐形式

公务用餐有这样三种形式：接待用餐、工作餐和宴请。

1.公务接待用餐是以公务为基础的，按照国家标准要求执行的一种节俭的接待形式。

2.工作餐，在公务活动过程中，用餐时间短，菜肴简单，以套餐的形式提供的便餐，便于双方交流，是比较受大家欢迎的一种用餐形式。

3.宴请是指比较隆重的、较为正式的用餐形式，宴请多选择在晚上。公务用餐中一般不安排宴请，确需宴请的，一般只安排一次，适用于宴请外地来访人员。

二、接待用餐安排

1.接待用餐的目的、规模和形式

接待用餐是公务活动中必不可少的工作内容，有时也需要组织宴请活动，根据国家相关文件的精神，倡导公务接待用餐和工作餐，尽力减少宴会用餐。接待用餐的目的是通过接待用餐活动达到交流问题、感谢祝贺、增进友谊、联络感情的目的，一般根据交流事情大小来确定规模和形式。

2.确定时间、地点、对象和范围

时间的选择考虑到双方的方便与接待用餐的形式，因为是公务接待用餐，不用太多考虑接待用餐日期是否有禁忌。要仔细了解有多少人参加，接待用餐规格、性质、人数、主宾身份、习惯等。

3.确定好接待菜单

对菜单要仔细地审查，主要考虑来宾的年龄、性别、健康状况、饮食禁忌、习惯和喜好，要符合国家规定，拒绝铺张浪费，后面我们还会对用餐禁忌进行仔细说明。

4.提前通知对方

公务接待用餐也可以提前通知客人一方用餐的时间、地点、桌次席位及着装要求，并确定能否出席等。

5.做好场地布置及席位安排

组织方要注意选择公务接待用餐环境的整洁、卫生、雅致，停车场、休息室、衣帽间、卫生间等是否都方便。

三、用餐禁忌

在接待公务人员时，主要采用的形式还是接待用餐和工作用餐。工作餐因为简便，稍微随意一些，接待用餐要特别注意用餐禁忌。

1.安排用餐特色

（1）地方特色。到什么地方就可以尽力安排地方特色饮食为宜，包括民族地区的民族特色菜，或地方特色家常菜，要严格遵守财务规定，不超支。

（2）安排菜品前注意征求一下来宾的饮食偏好，这样会在接待和相互交流时因为客人对菜品的满意度，相互间会交流得更顺畅、更到位。

2.用餐禁忌，尊重公务来访人员的禁忌

（1）个人口味禁忌，有的人不吃辣，有的人不吃太咸，有的人不吃太油腻等。

（2）个人健康禁忌，如胃病、糖尿病、高血压、过敏等情况一定要提前考虑。

（3）职业禁忌，有些岗位有特殊的要求，要仔细问询来宾的情况。

（4）民族禁忌，很多民族都有自己的饮食禁忌，所以对公务来宾一定要了解清楚，什么民族有哪些禁忌。

（5）宗教禁忌，宗教禁忌也是非常严肃的问题。如果上菜出了差错会引起客人极度不适。

四、桌次和位次

接待用餐除了自助餐、茶会、酒会外都要安排客人的席座，一般都以中餐为主。在公务接待中，用餐的桌次和人员位序安排是非常重要的，它不仅体现了对客人的尊重，也反映了主办方的组织能力和礼仪水平。以下是一桌和多桌情况下的位序安排建议：如果在同一个场地，同时安排两桌或两桌以上，必须确定主次，而且要突出主桌。席位排列，主人面门背景而坐，主人右侧为主宾，双主人制时主人对面为第二主人。其他席次的安排，以距离主人与主宾的距离远近而定，近尊远卑。同等距离者，以右为尊，设两桌以右为尊，设三桌以中间为尊，右侧次之，左侧为下，以此类推多桌的安排。以下为桌次和位次的详细说明。

1.桌次安排原则。"内侧为尊""以右为尊""面门为尊""居中为尊"，既适用于接待用餐，也适用于公务接待中的宴请。

（1）两张餐桌排列位序。面向正门为准，横向排列时，以右为尊，左次之，纵向排列时，内为尊，外次之。

（2）三张及以上的餐桌排列位序。桌子的排列以面向正门为准，距离门远，面向正门的餐桌为尊，其他餐桌安排，距离主桌远近来定、右侧为尊。

（3）招待厅有装饰画的，桌子的排列以离主装饰画近，离门较远为上。

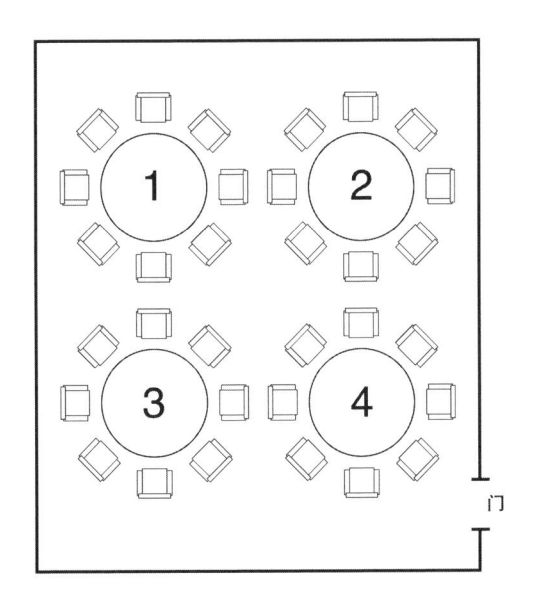

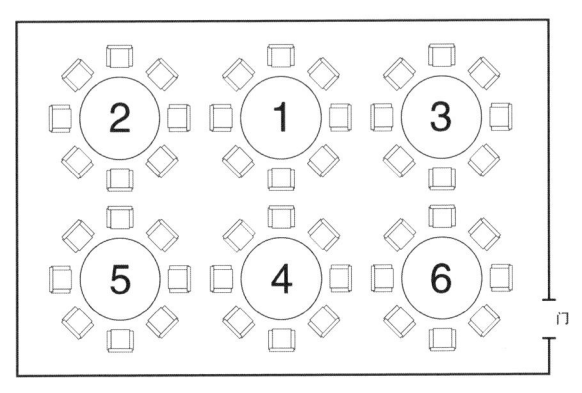

▶ 餐桌位序图

2.用餐位次的原则。接待餐桌座次安排，以右为尊，居中为尊，前排为尊，以远为尊，面门为尊，主人、客人座次交叉。特殊情况可以适当变通，如若主宾身份高于主人，为表示尊重，可以把主宾让在主人的位置上，而主人则坐在主宾位置上。

（1）圆桌。正对大门，面朝景物或背靠屏风的为首席位，越靠近首席位置越尊，相同距离则右侧尊于左侧。

（2）在双主人制位次礼仪中，每张桌子基本是双数，主人在面对正门位置落座，第二主人在背对正门位置落座。

（3）主宾在主人的右侧落座，其他客人位次依主人在左，来宾在右分别在主人和主宾一侧以身份的高低顺序落座。以下两图位次安排形式均可使用。位次排列方法有很多种，只要没有违反排列原则都可尝试安排。

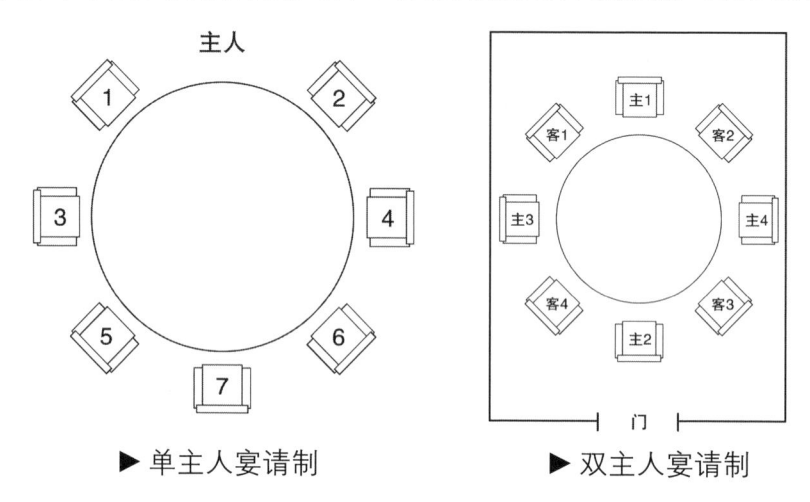

▶ 单主人宴请制　　　▶ 双主人宴请制

（4）公务接待用餐人数较少时或者同合作伙伴用便餐时，虽然不用如同前面论述的安排位次一样正式，但也不能不顾及用餐礼仪，还是要有些遵守礼仪原则下的一些安排，即按"以右为尊""面门为尊""中座为尊""近墙为尊""景观为尊"的接待用餐次位礼仪的要求来安排次位。

（5）位序安排的注意事项。

尊重文化差异：不同文化对于位次的看重程度不同，应提前了解并尊重宾客的文化习惯。

明确位序指示：大型宴会在开始前，应有明确的指示牌或工作人员引导宾客至指定座位。

考虑交流便利：位序安排应便于宾客之间的交流，尤其是主宾与主人之间的沟通。

避免敏感问题：避免将有潜在冲突的宾客安排在一起。

灵活调整位序：根据实际情况，如宾客的到达时间、身份变化等，可灵活调整位序。

五、用餐流程

公务接待用餐流程可以分为几个部分：接到正式通知、到达、入座、致辞。

1.接到正式通知后，不可随意改动。工作日程和接待用餐都是接待方提前安排好的，如果改变会给接待一方带来麻烦。

2.准时到达。一般按主人的要求到达，或提前几分钟，迟到、早退或者逗留时间过短都属于失礼行为。到后通常可以先将衣帽放置指定的位置，再去向主人问好或祝贺。

3.入座。听从主人的安排，一般先在休息室等候，到时间按照位次入座，其他客人先入座，主人陪同主要客人最后入座。所有入座人员注意查看桌签上是否有自己的名字，如果有可以按名字入座。

4.致辞。在所有人都入座后，先是主人致辞，后是客人致辞。

5.用餐最后结束。主人、主宾都站起来时接待结束。

六、用餐细节

公务用餐除了用餐流程和用餐氛围需要把握，另外还要特别注意用餐细节，细节没有把握好，也容易导致失礼行为或较为尴尬的场面。

1.坐姿、站姿都应端庄，举止庄重文明。公共用餐场合请勿大声讲话，勿松领带，脱上衣，挽袖子，把胳膊支在桌子上，赤膊等。用餐时不跷腿，勿东倚西靠，随意拉扯客人或晃来晃去。用餐过程中，严禁随地吐痰、扔烟头、咳嗽、剔牙等不文明行为，万一忍不住要打喷嚏应用纸巾把嘴遮住。嘴里有食物时切勿讲话，吃东西时，闭嘴细嚼慢咽，吃菜喝汤都不要发出声音，不要在盘中长时间翻动食物，用餐速度和大家保持一致。

2.用公用餐具取菜或取汤时要轻拿轻放，同时也要特别小心不要将汤汁或者渣沫溅到别人身上。忌用筷子刀叉等指点别人。主人没有举杯时，不要自斟自饮，当主人起身敬酒时，应暂停用餐，点头示意回应。注意倾听，主人和主宾先碰杯，再大家一起，不一定和每个人都要碰杯。

3.饮酒要适量，勿强行劝酒或给他人灌酒。遇到确实不能喝酒的客人，要给予尊重，可以茶代酒。双方相互敬酒时，为表达对对方的尊重，尽量让自己的杯子比对方的低。

4.用餐过程中，保持热烈友好的氛围，交流一些大家感兴趣的公共话题，勿谈论影响用餐心情的事情。

温馨提示

公务用餐应注意细节。邀请，准确掌握被邀请对象的身份；费用，符合接待规格和标准；菜单，营养科学，注意尊重不同客人的生活、禁忌、信仰和习惯，上菜要注意顺序；环境，交通通畅，停车方便安全；室内整洁、清静；举止，文明、端庄、大方。

小贴士　　　　礼品的情感价值

20世纪80年代，美国总统老布什访华，国务院总理李鹏向老布什夫妇各自赠送一辆自行车。看到送的是自行车，老布什非常兴奋，立刻骑了上去。原来，十几年前，老布什在北京的美国驻中国联络处工作一年多，这段时间他养成了骑自行车的习惯。在那一刻，一切都仿佛回到了过去。

互赠礼物，是交往双方增进感情的一种有效途径，赠送方期待对方能够欣然接受，理解礼物背后的情感价值。接受方通过礼物来感受自己的受重视程度。因此，礼物在一些场合必不可少。在挑选礼物时，要明白情感表达是第一要素，价值和实用性是第二要素。综合把握这一原则，用心挑选的礼物才是最适合的。

第七讲　公务活动礼仪

导语： 礼仪是人类社会进步的象征，也是文化的重要组成部分，更是我们人与人相处方式不可缺少的一部分。中国经济在飞速发展，人文精神、道德品质和文化水准也要随之跟上，各级政府的公务人员是政府的形象代表，学好、用好、遵守礼仪规范既是自身的需要，也是公务员整体素养的需要。

公务人员以及从事公务活动人员，学礼仪、懂礼仪、用礼仪必须应知应会，认真对待。礼仪的内容丰富多样，且有自身的规律。基本礼仪原则是：尊重、自律、适度、真诚。就是在交往中要克己、慎重、积极主动、自我反省、掌握分寸、以诚待人、言行一致。

第一节 公务调研礼仪

引言导语

调研是指调查研究某事或某种问题、现象等，通过一定的方式、方法收集到数据和资料并对其进行分析、研究、比对、量化、建模等，同时也要进行综合判断分析，探求其真相本质或事物的规律。它是公务活动中较为常见的一类工作形式，是公务员的基本职责之一，也是做好公务工作的保障。

经典案例

公务调研礼仪是调研基石

李某在某市市场综合行政执法局工作，有一天，单位领导安排，让李某牵头负责专项工作组对市五一路附近百姓自发形成的占道早市问题进行深入调研。工作组去了几个人经过调研后，倾向于直接取缔这一非法占道行为。然而，在向领导汇报时，领导提出了更深入的思考："这是否是最优解决方案？我们能否找到双赢的方法？"

李某意识到，问题处理不能过于简单。于是，他又亲自带队，通过专题会议明确调研方向和注意事项，深入走访那些无证经营的早市摊位。他们发现，这些摊位多为农村老人，售卖自种的瓜果蔬菜，品质可靠，深受市民喜爱。对于农村老人而言，这是他们获得收入的重要途径；对于市民来说，能够买到新鲜、无公害的农产品也是一大福音。

面对市政管理的问题，如占道经营导致的交通拥堵、经营许可证缺失以及卫生问题等，李某团队多方收集资料，倾听市民和地摊经营户的声音，运用多种方法进行比较研究。最终，他们找到了一个既满足市政管理要求，又能保障地摊经济健康发展的方案——在合适的地方设立专门的早市摊位，引导地摊商户守法经营。这一方案很快得到了实施，并取得了显著成效。

专家解读

调研刚开始，李某没有意识到此项工作的重要性，没有直接抓，只是安排其他工作人员调研处理，工作草草就结束了。经过第二次更用心、更到位的重新调研，寻找到正确解决问题的方法，既保住了底层老百姓微薄的收入，也给本地区市民能买到新鲜放心菜提供了方便。应了领导常说的一句话："群众的事无小事，事事都重要，时刻要有为民服务的意识，没有做不好的事情。"通过这次调研李某也成长了很多。

要点综述

对于公务人员来说公务调研是调查研究和认识事物的一种基本方法，没有调查就没有发言权，调查研究是制定一些政策或决策的依据，也是解决问题、实施管理的方法和手段，经过对所研究对象深入的调查研究，形成观点、思想并提炼成理论，依据理论去制定计划、规划和方案等。调研是科学决策基础，所以在进行公务调研时要注意以下原则、方法和细节。

一、调研原则

1.为人民服务的原则

作为公务人员要时刻牢记为人民服务的原则，调研的工作量大，工作任务繁重，不因工作的难度而退缩，不考虑工作的职位高低，努力提高自身的觉悟与修养，发扬奉献精神，全心全意为人民服务做好调研工作。

2.实事求是的原则

公务人员在调研中需要坚持科学的态度和实事求是的原则。实事求是是毛泽东思想的精髓，是邓小平理论的哲学基础，因此，调研必须坚持实事求是的原则，一切从实际出发，寻找事物的内部规律，认清事物的本质，尊重事实，注重调研的有效性。

3.直接参与的原则

公务调研要尽可能地亲临一线，亲自获取第一手资料，能对所调研的事物有直观感受，对调研的问题有更真切的体会，不容易偏离主题。

4.高效务实的原则

公务调研有很强的时效性,在调研过程中既要保证质量又要提高工作效率,这是一个双重的任务。调研获取信息后要及时对信息进行综合分析并找出问题的本质、成因和规律,注重调研时效和调研分析结果,采用切实的研究方法,及时形成调研报告或专题报告。

二、调研方法

公务调研也是工作常用方法之一。调研分为调查和研究,调查的方法有个案调查法、普查法、抽样调查法、实验调查法、访问调查法、问卷调查法、观察法、文献调查法等。研究就是将调查后的材料运用一定的方法进行分析和研究。研究的方法有系统分析法、层次分析法、矛盾分析法、比较分析法等。对于调研大体可以分为两种类型,即直接调研和间接调研,无论哪种类型都要遵循一定的方法和规范程序。

1.间接调研法

间接调研法指的就是调研人员不用到达调研的工作现场,可以通过收集到的材料进行分析得出相关的调研结论的方法。间接调研的方法有以下几类:网络问卷调研法、书面问卷法、查阅资料法、统计综合法。

(1)间接调研中的问卷调研法中问卷设计水平对问卷填写的质量、问卷的回收率和调研结果有直接的影响。因此在调研之前必须认真地、科学地设计问卷。

(2)间接调研中,问卷调研法的问卷发放回收依靠组织发放等方式来发放问卷。

2.直接调研法

直接调研法即直接与调研对象接触,调研者亲临调研现场考察,全面直观,对所调研的对象会有更准确的把握。调研的方法有:个别座谈法、集体座谈法、现场观察法、资料查阅询问法。

(1)提前做好准备工作,直接调研法要与调研的相关单位和人见面,应该在调研前对调研群体对象的身份、背景做基本的情况调查。同时要拟好需要回答的问题,为直接调研做准备。

（2）和调研对象交流时，主动做自我介绍并得体地称呼对方，态度谦和礼貌，结束后表达感谢并告别。

（3）直接调研时和调研对象交流时要仪态稳重大方，语气温和且有耐心，遇到提问时，认真倾听，细致解答，语言要委婉，体现尊重。

三、注意事项

公务调研后的报告会直接影响相关计划的制定，所以公务调研应该坚持公平、公正的核心思想，应该注意以下几点：

1.不以现成的材料来应付，可以翻阅但要去印证，不能走过场、不图省事、不敷衍、不搪塞、不道听途说、不信小道消息和谣言妄语，不唯上、不唯材料、不曲意迎合、不谎报实际情况。

2.不做只报喜不报忧的汇报。不带条条框框，不搞主观臆断，摒弃偏见，坚持实事求是的原则。

3.要把握调研的最佳时机，使调研的信息更接近事实，更有价值。

温馨提示

公务调研礼仪一定要牢记为人民服务的总体原则和实事求是的原则，不随意敷衍，也不草率行事，公务调研的出发点是摸清调研事物的真相，而不是本末倒置为了调研而调研，而且调研的结果是为领导对事情的裁决做参考。调研有偏差，领导的裁决就会有失误，对百姓生活和政府的公信力都会有巨大的影响。科学、规范的公务调研有助于保障政府公务人员维护社会公平、公正。

> **小贴士**   **常见坐姿需牢记**
>
> 1. 正坐
>
> 入座、离座时要做到轻和稳,男士在入座时轻轻提一下裤子,女士要用手拢一下裙子。当多人同时入座时,避免干扰,都从一侧出入。
>
> 椅子坐满三分之二,是一种表达恭敬的坐姿。
>
> 交流时,身体略微前倾,表达积极交流的意愿。
>
> 2. 双腿交叉
>
> 双腿垂直于地面,脚踝交叉在一起。女士双腿交叉坐时,双脚可以略微前伸,双膝并拢,男士内收而膝盖可以稍稍打开。
>
> 3. 双腿叠放
>
> 一条腿弯曲,小腿垂直地面,另一条腿叠放其上。男士可以将叠放在上面的一条腿向前伸出,而女士要收敛,可以将大腿、小腿叠放在一起。
>
> 叠放坐姿给人一种比较悠闲自在的感觉,正式场合尽量避免。如果正式场合中,主方有此坐姿,客方也可如此。

第二节 公务参观礼仪

引言导语

公务参观礼仪是为了增进对业务的了解或者促进与被参观单位的相互关系,而进行的一项特定项目的实地考察与观摩。通过公务参观获得工作进展的最新材料,完善思路上的缺陷,开阔眼界,增长见识。无论是个人参观还是集体参观都要特别注意遵守参观礼仪,同时更要注意自我形象。

经典案例

公务参观礼仪早做规划

某市科技局为提升公务人员对最新科技发展的认识,组织了一次公务参观活动,前往一家知名的科技馆。然而,由于组织过程中的一系列问题,这次参观活动并未达到预期效果。

在参观前,科技局虽然通知了公务人员参观的时间和地点,但并未提供详细的展览介绍和参观指南。公务人员到达科技馆后,对展览的内容和布局一无所知,只能盲目跟随人流参观。

科技馆内设有多个展区,但由于缺乏引导,公务人员往往在各个展区之间徘徊,无法系统地了解每个展区的主题和内容。同时,由于现场人流较大,公务人员经常需要排队等待参观某些热门展区,浪费了大量时间。

在参观过程中,部分公务人员表现出对展览内容的兴趣不足,他们或是低头玩手机,或是与同事闲聊,没有认真观看展品和听讲解。还有一些公务人员随意触碰展品,违反了科技馆的参观规定。

此外,科技局在参观过程中没有设置专门的交流环节,公务人员之间缺乏沟通和讨论的机会。参观结束后,科技局也没有组织公务人员进行总结和反思,使得这次参观活动的效果大打折扣。

专家解读

本次科技局组织的参观活动存在以下问题：（1）准备不足。科技局在参观前没有提供详细的展览介绍和参观指南，导致职工无法有针对性地了解展览内容。（2）引导不力。在科技馆内缺乏有效的引导，无法系统地了解每个展区的主题和内容，导致参观效果不佳。（3）管理不善。现场人流较大，但科技局没有采取有效措施进行人流管理和疏导，导致浪费了大量时间排队等待。（4）参与度低。部分职工对展览内容兴趣不足，没有认真观看展品和听取讲解，甚至违反了参观规定。（5）缺乏交流和反馈。科技局在参观过程中没有设置专门的交流环节，也没有组织职工进行总结和反思，使得这次参观活动的效果无法得到进一步提升。

建议科技局在今后的参观活动中加强组织和管理，提前做好充分的准备工作，包括提供详细的展览介绍和参观指南、安排专业的讲解员进行引导等。同时，应加强对单位人员的管理和引导，提高他们的参与度和兴趣度。最后，应设置专门的交流环节和总结环节，让大家能够相互交流和讨论，进一步提升参观活动的效果。

要点综述

一、项目选择

1.目标明确

首先选择和自己工作有关的参观项目，还可以选择有较高借鉴意义和实用价值的项目，而不是随意选择参观目标。

2.民主决策

在条件允许的情况下，参观的项目一定要征求大多数人的意见，如果是个人，一定要征求本人的意见同时给出合理建议，尽可能地尊重参观者的特点、兴趣和工作需求并给予照应。

3.量力而为

一般情况下，要参观的项目由客方和主方一起来商议决定，例如时间安排的长短、费用的预算、路途的远近等都要在合理的范围。更重要的一点是参观项目总体要根据以上各种因素量力而行，如果稍有考虑不周，就可能会有不愉快发生。

4.客随主便

参观的内容或具体项目可以是主方提出，也可以是客方提出，无论哪方提出，都要遵从"客随主便"的原则。主方提出来的参观项目，有时会照顾不到客方的特殊情况，客方有时对参观项目不了解，也会出现主方不便的情形，所以一定是主客双方提前协调，安排适合的项目，保障参观顺利进行。

二、项目计划

作为有组织的公务参观，应从多方面周密安排参观计划，计划内容包括：参观项目、参观时间、参观地点、参观人数、参观负责人、交通工具、饮食住宿、保健安全预案和费用预算。

重点从以下几方面进行准备：

1.熟悉背景

组织参观首先要了解清楚所参观的目的地的文化背景、历史人文、成就和在本领域的影响，对现状和未来的发展前景也要有深入的了解。这是在国内参观的基本要求。如果是出国参观，不仅包括前面说的国内参观的基本要求，还要了解一下目的国的民俗、经济、文化、政治等方面的常识，以及外事纪律。

2.组织安排

想要达到参观设定的目的，就要提前组织安排，都是哪些部门、哪些人去，谁适合做负责人，这些都要责任到人，任何一项事情都有人负责，包括参观过程中的突发事件的预案等，分工明确，各司其职。

3.纪律要求

公务参观的纪律性也很重要，参观的任何一个公务人员都是国家机关的代表和形象，对个人的参观要求和纪律都要做出明确的规定。

（1）着装礼仪要求：公务参观着装既是公务纪律的要求，也是单位形象的展示，所以要根据不同的场所和不同的节气调整参观时的着装。例如，去参观宗教场所、纪念堂等，要按照这些场所的规定来着装；去参观医院、军区、公司、工业城、农村、学校及机关场所应着正装；去参观风景名胜区可以考虑出行方便等因素着便装。综合来说，外出参观着装注意以下几方面的因素：天气、参观项目、特殊参观地的特殊要求及行动方便等。

（2）参观用品要求：参观时为了留存一些资料，应在出发前准备相关记录用具和仪器。例如：笔记本、稿纸、照相机、录音笔、录像机、电脑等，要根据自己的参观需要准备。要有记录、留存资料的意识，每一位参观者都应该认真准备，尽量避免遗漏某些必需物品，或向接待方借用。

4.回礼答谢

回礼答谢是一个感谢的环节，不需要多贵重的礼品，就是表达对接待方接待的感谢，礼品如果有自己单位的特色或自己本地区特色会更有纪念意义。做到礼尚往来，增进单位与单位、个人与个人之间的感情，也有利于后期更顺畅地相互学习和交往。

三、项目效果

为了能保证参观项目的效果，需在参观出发前做好相关的汇报要求，带着任务去参观学习，而不是漫无目的。参观时也要认真参观、交流思考，该有的记录也要留存，随时能整理的可以随时整理，内容太多或太杂的可以先归大类最后统一找时间整理。参观的目的仍然是以提高业务素养和能力为主，汇报要求只是为了保障项目参观效果的一个手段。

温馨提示

公务参观礼仪要有参观前的准备，如参观项目的选择与了解。参观目标及计划安排很重要，参观中的一些规定和要求也不可缺少，与参观方的深入沟通，参观内容的安排，参观过程的落实都会对参观学习的效果产生影响，所以参观礼仪是一个全过程的礼仪，缺了哪一块都不合适。它所安排的各项参观内容均需主宾共同商议决定后才能顺利完成参观任务。

第三节 公务汇报礼仪

引言导语

公务汇报是公务活动中最常见的活动之一，会根据不同任务或事项有不同的汇报形式、汇报程序和汇报礼仪，汇报不到位容易耽误工作，也会闹出笑话来。以下就是一则汇报案例，请大家一起来研究案例中存在的问题。

经典案例

公务汇报要注意方式

小赵曾就读于某著名大学信息技术专业，毕业后被录取到某单位任职技术人员。前段时间有一个紧急任务需要处理，准备对单位网络视频监控系统进行升级换代，需要选择合适的高新通信企业支持并进行合作。这个任务责无旁贷地落到了小赵身上，小赵既是专业出身，又是技术骨干。他就率领工作小组参观了市新区几家通信高科技企业，同时也进行了深入的调研，了解到现代通信领域的一些前端的最新技术。领导希望了解此事的进展情况，打电话来询问，而小赵的回答让领导不太满意。因为此项工作涉及的都是非常专业的问题，例如：设备系统功能、应急指挥调度功能、多网多终端融合等非常专业的名词，非常不直观，领导不太能理解，要求考察后尽快形成书面汇报材料呈报。

小赵在书面材料汇报中，对几家高新通信企业进行对比分析，做出了比较详实的汇报材料呈报给领导。递交的材料也从专业角度进行了解释：随着无线网络通信技术和计算机技术的快速发展，数字化技术的应用越来越广泛，特别是在网络化的联网监控需求方面越来越大，高清化、无线化、远程、实时的监控是工作所需，也势在必行。几天过后，小赵的书面汇报因为非常专业、全面、完整，顺利通过了领导对此项任务的正式批准。

专家解读

公务汇报是公务人员常见的工作形式之一，案例中的小赵就是详细考察几家高新通信企业的技术后先向领导进行口头汇报，后期又形成书面汇报，系统、完整地呈现了调研汇报的结果，专业性的语言和专业性的功能也能通过书面形式表达清楚。从此案例中可以看出不同的汇报事项应选择适合的汇报方式的重要性，而且要注意汇报礼仪和汇报细节。

要点综述

在日常公务活动中，汇报是将所处理的事务或调研、了解到的情况集中向特定对象汇报。汇报既是公务员从事公务活动常用方式之一，也是反映下面问题给上级的方式。汇报内容包括工作中的困难、教训、经验、做法等，汇报的目的是为上级机关提供决策的依据。因此，公务员汇报工作必须遵循汇报礼仪，才能将公务汇报工作做到位。

一、汇报要求

为保证汇报的效果，应从以下几方面注意：

1.汇报时要集中目标，突出重点，分清主次，简明扼要，节约时间，高效汇报。

2.汇报前就要斟酌好，领导会在什么地方有疑问，该如何回答，准备好回答提纲和材料，避免手忙脚乱的情况发生。

3.汇报的原则要遵守客观、公正、全面、准确、实事求是。

4.汇报时不可弄虚作假、沽名钓誉、欺上瞒下、没有大局观，误导领导。

二、汇报形式

公务汇报常用三种形式：电话汇报、书面汇报、当面口头汇报。公务汇报应根据工作的环境和工作的不同情况采用合适的汇报形式。无论哪一种汇报形式，都应该向领导汇报清楚内容的重点。

1.电话汇报

电话汇报是指汇报者通过电话的形式向上级或汇报对象汇报的一种形式，常常适用于汇报紧急情况下的事务处理，或是距离较远，没法实现口头汇报或书面汇报。电话汇报后，有机会还是要向汇报者进行口头或书面汇报，对其工作进行补充，减少因电话汇报不到位、不全面或误解带来的工作不便。

2.口头汇报

口头汇报是指汇报者当着汇报对象的面汇报，以口头表达的形式进行汇报，也叫口述汇报。一般常用于特殊情况下、紧急工作请示或述职时使用。口头汇报有信息传递准确、效率高、不易被误解的优势。同时也存在缺点，那就是容易受时空、地点和环境的影响，所汇报的内容逻辑性和完整性都会差一些。

3.书面汇报

书面汇报是指汇报者将要汇报的内容整理成书面材料，以书面材料向汇报对象汇报的一种形式，较适用于不紧急、需要完整全面反映较为复杂的事项的情形。公务人员使用的书面汇报按照国家规定是属于正式公文的范畴。所有的需要保存、参考和上级领导批准的文件都要以书面形式来汇报。书面汇报的优点是全面、有系统、有逻辑完整性；缺点是时效性差，不能及时回复，有时会耽误工作的进度。

三、汇报礼仪

公务汇报时，汇报者可以根据不同的汇报方式调整自己的汇报礼仪，但无论哪一种汇报方式都要从以下几方面考虑：

1.注意自己的仪态，应谦虚谨慎，大方自然，戒骄戒躁，以礼待人并尊重汇报对象。

2.汇报时充分把握汇报时机，让汇报对象对所汇报内容有兴趣，提高关切度。不宜在汇报对象工作繁忙或无法抽身时做汇报。

3.汇报内容要提纲挈领、突出重点、言简意赅、有理有据、条理分明、详略有序、语言语气表达得体。

4.公务汇报要严格遵守时间和汇报的顺序。无论哪种汇报形式都应严格遵守约定，递交材料或到达汇报地点，切忌耽误汇报对象的时间和安排，以免影响所汇报内容和其他工作安排。

5.汇报时有节奏地进行汇报，适时地留出询问是否需要回答的时间，切忌只顾个人的需要强行汇报，导致汇报对象反感。

四、听取汇报者礼仪

作为听取汇报者，多数情况下是上级领导，所以更应该注意听取汇报的相关礼仪。听取汇报要从以下几个方面注意。

1.电话汇报

听取电话汇报要注意保持冷静，电话汇报都是较急的或者临时突发事情的汇报，注意保持礼貌，不可以随意有情绪，注意认真倾听，如果没有听清楚或有不明白的地方，可以请对方再次说明，在汇报结尾可以总结性地让对方核实一下汇报内容。

2.口头汇报

（1）汇报者在汇报时，听取汇报者要聚精会神，不可冷落或故意刁难汇报者，有问必答，及时反馈意见，尊重和礼貌对待汇报者。

（2）听取汇报者要在整个汇报过程中保持浓厚的倾听兴趣，适当地用态度、表情和语气给予回应，让汇报者更有信心更好地呈现汇报内容。

（3）听取汇报时不要随意下结论，也不要带着情绪听或随意斥责对方。

3.书面汇报

接到书面汇报材料要及早地阅读，对相关问题深入研究、调查、核实，避免产生误解，对所汇报的内容了然于心，相关疑问之处可进行标记，并及时反馈信息或给予指导意见。

温馨提示

公务汇报礼仪分汇报者礼仪和听取汇报者礼仪两个不同的角度。两个角度的礼仪要求不同，特别要注意的是不同公务汇报事项应注意采用适合此事项的汇报方式，这样可以起到事半功倍的效果。

第四节　公务签约礼仪

引言导语

公务签约是单位之间在事务洽谈确定成果时的一种重要仪式，签约仪式虽然短暂，但意义重大，是将双方的交流洽谈成果通过庄严隆重的仪式进行确定，所以要注重签约礼仪细节，确保活动的顺利完成。如果在这样非常重要的时刻没有足够重视或随意草率进行签约活动，很容易前功尽弃。

经典案例

公务签约礼仪重在规范

在某次公务签约仪式上，某单位与一家大型企业代表进行合同签署。然而，仪式过程中出现了几个明显的礼仪失误。首先，位序安排上出现了错误，企业代表被错误地安排在了较为次要的座位，这令企业方面感到不悦。在整个签约过程中，领导的表情过于严肃，缺乏应有的亲切与热情，使得整个气氛显得紧张而冷淡。在签约完成后，单位领导人并未与企业代表进行握手，而是直接转身离场，这种缺乏基本礼仪的行为引起了在场人员的注意。

专家解读

本次公务签约仪式中的礼仪失误，不仅影响了双方的合作氛围，也损害了某单位的形象。位序安排不当、表情过于严肃以及缺乏握手环节，都是对合作伙伴的不尊重，容易引发对方的误解和不满。在公务场合中，礼仪不仅是形式，更是沟通和尊重的体现。因此，在举办此类活动时，应高度重视礼仪细节，确保每一个环节都符合规范，以展现专业的形象。

要点综述

公务签约礼仪是一整套签约过程中必须遵守的礼仪规范，涉及签约文本的准备、签约时间、签约地点及场地布置，签约人员安排及签约活动流程。而且每一项都有非常详实的具体要求，各项礼仪要求具体内容如下。

一、签约文本

1.准备签约文本是很重要也很郑重的一件事，将洽谈双方达成的意向形成协议文本，双方对文本进行内容确认与核实，并对产生歧义的文字进行协商修改，并指定专人负责对协议文本进行定稿、校对、翻译、印刷装订、盖章等工作。

2.审核文本工作，在审核过程中除了对双方达成的内容进行审核，还要对与签约文本相关的证件进行审核，看证件是否齐全，签约文本是否与所出示的证件一致等。

3.审核文本，应做到零失误，对审核中发现表述性问题或字句问题等都要及时交流通报，如不能达成一致的，可以通过再次谈判解决；如最后能达成一致的，再协商签约时间。

4.签约文本上约定有几家单位，在签约仪式上就要准备几份文本，同时也可为每家单位各备份一份。

5.文本一旦签署就具有了法律效力，因此所有的条款都需仔细核对并确认，在准备文本的过程中是郑重、严肃的。

6.签约双方各自保存文本，其单位或机构名称、签署人签字，均应排在对方之前，以显示对等。

7.如有涉外合作签约，按照国际惯例，签约文本应同时采用合作双方国家的母语。

8.签约文本应以高档材质作为封面以示郑重，主方负责签约文本装订成册和高质量的印刷、设计服务等。签约文本的标准要求一般是采用大八开纸张。

二、签约时间

1.签约时间的确定：要根据双方的时间，最少提前两周确定。如果考虑多方因素，也可以提前一个月来确定初步的签约时间，形成初步草拟文本，并相互通报待最后确定。

2.双方将签约文本定稿简版及初步确定的正式签约时间报请各单位领导，并请领导或机构委员会最终确定。

三、签约地点

1.签约场地的选择，一般选择在客人所住宾馆、酒店或主方的会议室接待洽谈，最后选择什么样的场地要根据参加签约仪式的人员规格和人数多少及签约协议内容的重要程度来确定。

2.签约场地的布置，一般选择在签约厅内安排一张长方桌作为签约主台，桌子后面放置两把椅子作为签约双方的座位，遵守右为上原则，主方左，客方右。桌面覆盖无花纹的深绿色台布为宜。

3.签约桌上有主方准备的各自保存的签约文本，前方放置着需要的文具，如钢笔、签字笔等。如果是涉外签约仪式还应将各国的国旗放置在签约者的正前方；如果是多边签约仪式，应按照一定的礼宾顺序将各方国旗插在本国签约者的身后。

四、人员安排

1.参加签约仪式前，双方单位都确定好双方参加签约仪式的人员名单，并相互通报。

2.签约人选由各单位根据签约事项的内容和性质来确定，不论是安排最高级别的领导来签约还是由部门领导来签约，只要双方签约人员身份大致对等即可。

3.为了表示对合作事项重视，双方都可以邀请更高一级领导出席签约仪式，其他签约陪同人员是双方参加谈判工作人员，双方人员大致对等。

4.为保证签约仪式的顺利，签约双方还应安排一名熟悉签约议程的助理签约人员，并详细协商好签约仪式过程中需要注意的细节问题，随时进行引导，或应对突发情况的处理。

五、签约流程

1.双方参加签约仪式人员都要着正装出席，注意仪容仪表，自然大方，严肃端庄。

2.签约前，双方所有签约人员准时步入签约会场，并以主方左、客方右的位置入座，其他陪同人员均站在主签约人的身后。

3.双方签约人员均以各方职位、身份高低为序，自中间向两边排列，双方签约助理则站在各自主签约人员的身侧，协助翻找文本签字位置，并指明正确的签字之处。

4.签约双方应采用签约通用的轮换制，即签字者首先在自己保存文本的签字位置签字，再由签约助理人员把文件传递给对方，并在对方保存文本的指定位置签字，签字完成后由双方助理示意，双方主签字人员起立面向对方，相互交换文本，并握手致谢，其他出席人员鼓掌祝贺。

5.签字环节完成，签约双方最高领导先离席退场，接着客方人员退场，最后是主方离席退场。主方宣布整个签约活动顺利结束。

温馨提示

签约礼仪有两个重点要抓住，一是签约文本或合作协议的起草、修改与审定，一定要严谨确保没有问题。二是公务签约的时间、地点、人员安排和签约流程也要做到细致、周密、万无一失。

第五节 公务祭奠礼仪

引言导语

一个不崇尚英雄的民族是没有希望的,一个忘记英雄、忘记先烈的民族是不可原谅的。到革命烈士陵园瞻仰、献花祭奠,正体现了我们对英雄先烈的崇敬之情,不仅体现了时代的需求,更让我们铭记今天的美好生活是英雄先烈们用鲜血换来的。

烈士陵园是爱国主义教育的重要阵地,宣传好英雄、先烈的故事是我们后来的继承者的重要职责。和平年代更要铭记革命先烈,是他们不惜用生命换来民族独立、人民解放,歌颂革命先烈英雄事迹,激励一代代青年人传承红色基因,为实现中华民族伟大复兴而努力奋斗。以英雄精神照亮前进的道路,一定要继承先烈遗志、弘扬先烈精神,以更加昂扬的精神状态和奋斗姿态,坚定扛起新的历史使命,奋力谱写无愧于先烈、无愧于时代、无愧于人民的崭新篇章。

经典案例

公务祭奠礼仪要庄严

在某地政府部门组织的公务祭奠活动中,出现了一系列礼仪失误。活动原定于上午9点开始,但主持人因私事延误,直到9点30分才匆匆赶到现场,导致已经到场的参与者等待了较长时间,现场出现了小范围的骚动。

在祭奠仪式中,部分人员并未着正装出席,有的甚至穿着休闲服装,显得对逝者缺乏应有的敬意。更为严重的是,在默哀环节中,部分人员竟然私下交谈,甚至有人声音很大,这些行为完全打破了祭奠活动的庄重和肃穆氛围。

此外,在献花和鞠躬等环节,部分人员也显得不够严肃,态度轻慢,引起了在场其他人员的不满和议论。

专家解读

以上公务祭奠礼仪反面案例暴露出了一些部门在组织祭奠活动时对礼仪规范的忽视。祭奠活动是对逝者的尊重和缅怀，任何不敬的行为都会破坏其庄重和严肃性。公务人员更应该以身作则，严格遵守礼仪规范，为公众树立榜样。

从这次案例中，我们可以看到，无论是主持人、参与者还是组织者，都应该对祭奠活动保持高度的敬意和尊重，确保每一个环节都体现出对逝者的缅怀之情。同时，公务部门也应该加强公务礼仪培训和教育，提高公务人员礼仪素养和意识。

要点综述

一、公祭仪式

1.公祭活动及瞻仰鲜花方案应当包括以下内容：

（1）明确公祭活动时间、地点；

（2）参加公祭活动人员及其现场站位和着装要求；

（3）公祭仪式仪程；

（4）公祭活动的组织协调、宣传报道、交通和安全警卫、医疗保障、经费保障、礼兵仪仗、天气预报、现场布置和物品器材准备等事项的分工负责单位及负责人；

（5）公祭活动应当安排党、政、军和人民团体负责人参加，组织烈属代表、老战士代表、学校师生代表、各界干部群众代表、解放军和武警官兵代表等参加；

（6）公祭仪式由县级以上人民政府或者其民政部门的负责人主持；

（7）公祭仪式不设主席台，参加公祭仪式人员应当面向烈士纪念碑（塔等）肃立。

2.公祭仪式一般应当按照下列程序进行：

（1）主持人向烈士纪念碑（塔等）行鞠躬礼、宣布烈士公祭仪式开始；

（2）礼兵就位；

（3）奏唱中华人民共和国国歌；

（4）宣读祭文；

（5）少先队员献唱《我们是共产主义接班人》；

（6）向烈士敬献花篮或者花圈，奏《献花曲》；

（7）整理缎带或者挽联；

（8）向烈士纪念碑行三个鞠躬礼；

（9）参加公祭仪式人员瞻仰烈士纪念碑（塔等）。

3.在重大庆典日进行烈士公祭时，可以采取向烈士纪念碑（塔等）敬献花篮的仪式进行。敬献花篮仪式按照下列程序进行：

（1）主持人向烈士纪念碑（塔等）行鞠躬礼，宣布敬献花篮仪式开始；

（2）礼兵就位；

（3）奏唱中华人民共和国国歌；

（4）全体人员脱帽，向烈士默哀；

（5）少先队员献唱《我们是共产主义接班人》；

（6）向烈士敬献花篮，奏《献花曲》；

（7）主要领导人整理缎带；

（8）参加敬献花篮仪式人员瞻仰烈士纪念碑（塔等）。

4.公祭仪式中的礼兵仪仗、花篮花圈护送由解放军或者武警部队官兵担任，乐曲可以安排军乐队或者其他乐队演奏。

5.花篮或花圈由党、政、军、人民团体及各界群众等敬献。

花篮的缎带或者花圈的挽联为红底黄字，上联书写烈士永垂不朽，下联书写敬献人。整理缎带或者挽联按照先整理上联、后整理下联的顺序进行。

二、参加公祭瞻仰献花时的注意事项

1.衣着要端庄得体，着深色正装，忌着花里胡哨的服装。不得身着、佩戴与公祭活动环境、氛围不符的服饰、图标。

2.公祭活动现场应当标明肃穆区域，设置肃穆提醒标志。参加公祭人员要服从组织引导，不得扰乱公共秩序。

3.公祭活动应当庄严、肃穆、隆重、节俭，保持安静肃穆，不得嬉闹喧哗。

4.参加公祭活动人员应在工作人员组织引导下参观烈士纪念堂（馆）、瞻仰祭扫烈士墓。

5.公祭活动，采取多种形式宣讲烈士英雄事迹和相关重大历史事件，配合有关单位开展集体宣誓等主题教育活动。

温馨提示

到革命烈士陵园瞻仰献花、组织祭奠活动正是让一代代中华民族的好儿女，继承先烈遗志，不忘初心，担负起我们的历史使命，是对近代以来为争取民族独立、国家富强、人民幸福而牺牲英烈的深情礼赞，更是对中华民族精神、英雄精神根脉的守护与传承。赓续红色血脉，让红色基因代代相传。

小贴士　　　　善用委婉方式拒绝

不论是公务交往，还是平日社交，难免会遇到一些让人难受的、自尊心受到伤害的事情，比如，在遭到别人生硬的拒绝时。推己及人，如何用委婉的方式拒绝，才能让他人易于接受呢？

1.说明原因

当对方发出邀请或者提出请求时，与自己安排产生冲突，不要急于用"不行""我没空"来生硬拒绝，可以先说明原因，易于取得谅解。

2.肯定对方

拒绝对方之前，先肯定对方的想法或提出建议，使对方被认同后降低负面情绪。

3.合理建议

遇到时间冲突，无法答应，可以建议改约其他时间，避免让对方有挫败感。

公务交往中，往往会有一些不便于当面表态的事情，更无法给出建议，可以尝试转移话题，巧妙避开，以此来委婉拒绝。

第八讲　公务位序礼仪

导语：中国自古以来对位序礼仪就非常重视，既有"公子从车骑，虚左，自迎夷门侯生"（《史记·信陵君列传》），以位序彰显待人之尊敬，也有"在朝序爵，在野序齿"（《史记·项羽本纪》），根据场合、年龄、官职等，进行位序的排列，体现秩序与规范。"位"，即指"方位""位置"；"序"，即指"先后""顺序"。位序礼仪体现的是礼仪在空间和时间上的规范、要求和特点。

在公务活动场合，因为参与活动人员在行政职务上有上下级之分，职务不同，职责亦不同。公务位序礼仪体现的是由职务关系和责任大小带来的体现在位次关系上的不同，而在人格方面则应平等互敬、自尊互尊。因此，位序的排列是对社会习俗、角色规范、社会身份等方面的反映，但不意味着人格的尊卑贵贱，这是公务位序礼仪必须遵守的原则。

现代公务礼仪中的位序礼仪，脱胎于中华上千年来形成的座次礼仪习俗和礼仪传统，具有一定的约束性及强大的文化惯性，同时兼有现代礼仪中平等、柔性的一面。公务位序礼仪作为非强制的礼仪规范，是以一种柔性管理的方式来约束、规范公务行为，不同于政策法规、行政命令、公务纪律等的刚性约束，在实践中可以结合具体情况进行灵活把握和运用。

第一节　引导位序礼仪

引言导语

对于公务人员，经常会参与单位接待工作，如上级领导视察指导工作、同级交流参观、下级部门来访等。在接待工作中，有一项非常重要的工作就是引导来访者到达指定地点，或带领来访者进行参观。在引导过程中，可以根据具体场所进行有目的的引导，有时需要在引导过程中进行随行介绍。

经典案例

引导人员不可"热情过度"

小王是某机关单位新入职员工，其所在单位将对口接待某机关宣传部领导及职员一行3人参观，单位安排办公室张主任、李副主任及小王一起接待，并请小王规划一下参观路线。

在参观过程中，小王为了表现出积极热情的态度，总是主动走在来访领导身侧，为对方介绍本单位文化特色、文化亮点及单位历史发展情况等，两位主任则被挤在后边。由于对单位情况还不太熟悉，小王在介绍中频频出错。办公室张主任几次补漏，小王还是喋喋不休……

接待工作结束后，小王对自己的表现非常满意，觉得自己对来访领导做到了"贴身服务""热情接待"，展示出热情有礼的主人翁形象。正在陶醉时，张主任把小王叫到办公室，指出小王在接待工作中存在的一些问题。

你知道小王的问题出在哪里吗？

专家解读

此次接待活动为公务活动中的对等接待。对来访领导的主要陪同任务和交流介绍工作应该由接待办公室张主任负责。小王此次参与接待工作的主要职责是为本单位领导和对方领导进行路线引导，可以在有需要的时候，介绍参观路线中的部分展示区域。小王没有注意到自己在本次接待活动中主要工作是路线引导，是路线引导员的角色，行为过于主动，不仅没有把握好自己作为引导人员的主要角色，同时"挤占"了办公室张主任跟客方主要领导的沟通空间。

具体而言，在参与接待参观活动中的引导时应该注意哪些位序礼仪要点呢？

要点综述

作为引导人员，在引导位序方面既要遵循一般性原则和要点，同时也要注意各个不同场合的引导要求。

一、引导位序礼仪一般性原则

1.引导人员一般在被引导者侧前方进行引导

在引导过程中，如无特殊情况，引导人员一般在左前方进行引导，将被引导者让到自己右方适当位置。但同时针对上下楼梯、展板前参观、特殊道路行进等不同引导条件时要灵活处理，以被引导者安全、舒适、便于参观为第一出发点，要注意与被引导者位置变化关系，不可距离被引导者太远或者太近。

在引导过程中，引导手势及仪态须得体、大方，方向指向明确。具体而言，引导员引导时身体保持正直姿态，在行进中指引注意保持步速，在站立时指引上身可略前倾。手指四指并拢，拇指略内收，手掌与水平面呈135度夹角。小臂自然抬起，与大臂夹角在130度左右为宜。引导过程中进行方向指示时，手位上不过头顶，下不过腰部，向后侧方引导时需要向该侧方半转身，使引导手位不超过自己的身体侧面为宜。左右手均可进行引导指示，如被引导者在右面一侧，以左手引导为宜，如被引导者在左面一侧，以右手引导为宜。

2.与被引导者之间距离0.5米~1.5米

引导人员与被引导人员之间的距离要保持适中，不宜太大，也不宜太小。一般情况下，单位领导会亲自陪同来访者行进或者参观，这时单位领导实际上起到陪同作用。在行进过程中，单位领导与来访者会不断交谈，作为引导人员不宜与领导及来访者距离太近。同时，与被引导者之间的距离也需要根据参观路线特点适当进行调整。一般而言，在室内狭小空间内可以与被引导人适当缩短距离，在室外空旷空间与被引导人距离可以适当增加。

3.引导人员要注意步速调整

引导者根据被引导者步速调整自己的步速，引导者位于被引导者侧前方进行引导，如遇台阶、改变方向、重点提示等时，可以用手势及时示意和提醒被引导者。

二、具体场合的引导位序礼仪

1.楼梯引导位序礼仪

在引导过程中进行上下楼梯时，引导人员一般为侧前方引导，但同时也要根据具体情况区别对待。总体原则是要将内侧带有扶手的位置让给被引导者，引导人员在靠近外侧的前方位置进行侧身引导，因为带有扶手的位置为安全位置，将安全位置留给被引导者。楼梯一般比较狭窄，要注意侧身、外侧引导，以避免引导人员在上下楼梯过程中，臀部直接冲着被引导者。如果引导人员为男性而被引导者为女性且着短裙，则最好要在前方引导。

2.电梯引导位序礼仪

在电梯引导过程中，如果是有人值守电梯，引导人员需要请被引导者先进电梯，自己随后再进电梯。在出电梯的时候，引导人员需要先出电梯，在电梯外等候被引导人员出电梯后继续进行引导。如果是无人值守电梯，引导人员要先进电梯，进入电梯后单手护住电梯门，同时另一只手按着电梯控制面板，保持电梯开门状态，待所有人进入电梯后再关闭电梯门及选择楼层。无人值守电梯在出电梯时，引导人员要视人数情况选择先出或者后出。一切以方便引导、保证人员电梯出入安全为宜。

3.上台引导位序礼仪

上台引导需要根据活动流程依次引导相关人员上台到指定位置。按照活动现场场地布置具体情况，引导人员在被引导者左前方或者右前方进行引导，引导时距离被引导者2至3步远为宜。

4.会议引导位序礼仪

进行会议引导时，需要注意被引导者的身侧是否有我方领导进行陪同，并结合室内引导或室外引导条件对与被引导者之间的距离进行调整。

根据需要，会议引导可引导至会议室门口或者指定座位处。

5.进出房门的引导

进房门时，如果门向内开，引导员需要先推门进入并在门旁站定后，用靠近门一侧的手挡住门，然后用另一只手进行引导。如果门向外开，引导员需要先打开门并单手护住，用另一只手进行指引，请被引导者先行进入。引导员引导开门时一定要先护门，保证后面通行者安全通过后的情况下，再松手进行接下来的引导工作。

温馨提示

引导位序需要根据实际情况灵活调整，以将安全、舒适、便于参观的行进位置留给被引导者为宜，不可拘泥。在引导过程中，时刻关注被引导者步速变化，对自己的引导速度进行调整。

小贴士　　　　握手位序礼仪

相向而立，握手为礼。握手是现代各种会面场合中常见的礼节，熟人、朋友、职场客户、初次见面者等都可以用握手的方式表示友好。握手常常伴随着问候、致意之情，在欢迎、送别、慰问、感谢等多种场合都可以用到。

一般而言，在握手位序上遵循"位尊者优先伸手"原则，不同场合，位尊者略有区别。如果是职业场合，一般是职位高的人决定是否要和对方握手，如果职位高的人伸手，则另一方需要立即主动迎上。如果是社交场合，年长者是位尊者，相对于男士而言，女士是位尊者。如果是主客双方，在主人迎接客人环节，是主人先伸手，以表热情，而在主人送别客人环节，是客人先伸手，感谢主人接待。不过无论何种情况下，如果一方已经伸出了手，另一方都应立即回握。

在多人站立互相握手时，要注意避免交叉握手，即如果两人已经在握手时，其他人应等其握完手后，再开始握手。

第二节 行进位序礼仪

引言导语

机关单位经常接待来自上级、同级、下级单位的考察交流活动，或者接待群众来访，有的时候还会参加公务会议。在这些情况下都需要与领导、同事、同行、群众代表等一道行走。在行走的过程中又应该遵循哪些位序礼仪规范呢？

经典案例

陪同热情 把握"度"

赵主任在某机关单位上班，他刚刚担任办公室主任就接到一项接待任务。某兄弟单位办公室主任带队参观交流，随行人员2人，该兄弟单位是第一次来访。根据对等、对口接待原则，张主任亲自接待对方主任，并安排办公室另外2位同事一起参加接待工作。

因为对方是第一次来到本单位进行参观，为了做好接待参观工作，赵主任凡事亲力亲为，在参观交流过程中，显得非常热情有礼，时而在对方主任的左边介绍，时而转到对方右边进行引导。在上楼梯的时候，更是几步一个台阶抢在前面，提前为对方拉开门，请对方先行。

赵主任说，接待来访就是要"尽到地主之谊"，自己怎么显得热情就怎么来。请问，赵主任这样的做法和想法对吗？

专家解读

在公务活动场合，人和人之间的交往需要遵循一定的规则，在规则之外讲温暖和热情，如果用"怎么显得热情怎么来"则会失礼。在上面的案例中，赵主任在陪同行进位序中，出现了几点失礼的地方。

第一，赵主任作为主要陪同领导即主陪，最主要应该陪同对方主要客人即主宾，在行进过程中与主要客人进行友好交流，路线引导等工作可以安排给其他同事负责。

第二，在行进过程中，一般应该将里侧或者相对安全、舒适、便于参观的一侧让给客人。在公务接待参观活动中，主要陪同人员一般在主宾的身侧陪同并进行参观，将被陪同者让于尊者的位置；如果在陪同过程中"时而在左边介绍，时而转到对方右边进行引导"，这样时常变换方位会让对方眼花缭乱，不知所措。

要点综述

在一般性公务场合，为保证接待参观等活动的顺利进行，参与迎送、引导、陪同人员的数量应适当、适量，以不影响接待工作为宜。对于比较正式的活动，主要接待陪同人员的行政职务一般需符合对等接待原则，即主宾双方人员在职务、身份上大体相当。主要陪同人员即主陪与主要被陪同人员即主宾、尊者在公务场合行进中要遵守一定的位序礼仪。

一、道路行进位序礼仪

在公务活动参观考察过程中，一般会由单位领导亲自陪同贵宾在行进中进行参观介绍。在行进过程中陪同，应该以主客之分来表示对对方的尊敬，但又不同于官方内部会议等非正式场合下领导之间的排序。一般而言，正式公务场合同行位序遵循"以前为尊""居中为尊""以客为尊"的原则，即如果是多人多排同行的话，往往是以前为尊、居中为尊；如果两人并排，尊者一般在主要陪同人员的左侧并行参观。同时需要注意将最便于参观的一侧让位于尊者或被陪同人员，陪同位序因参观需求进行灵活调整。

需要注意的是，现代礼仪中的一般性场合如商务场合、外事活动及公共场合中遵循"以右为尊"原则，故而把贵宾让到自己身体右侧，陪同者位于被陪同客人身体左侧进行陪同。

对于有些情况，比如行进路线中某一侧正在施工不方便行走，或者某一侧常有车辆行走，客人在旁行走不是很安全，这时主陪应主动把比较好走或比较安全一侧让给客人，自己在不方便或不安全一侧进行陪同。变换方位时要跟对方提醒，自己不应忽左忽右、频繁改变方位。

在行进陪同过程中，应主动与客人进行交流。在行进过程中进行陪同时不宜距离客人过远，以方便交流为宜。双方在行进过程中需要保持相近步速，总体上需要以客人步速为宜，同行者不宜超过被陪同主要客人行进速度，在行进、停留等方面要照顾到主要客人的需求和兴趣点。

二、楼梯行进位序礼仪

在楼梯上行进时，位序礼仪有一些特殊要求。楼梯可以分为宽楼梯及窄楼梯。如果是宽楼梯，在陪同行进过程中，陪同者可以与客人并排上下楼梯，通常是客人在里侧，陪同者在外侧。这是因为一般而言，里侧带有扶手，相对更为安全。上下楼梯过程中，需要把更为安全的位置留给客人。

如果是窄楼梯，陪同者和客人不宜并行，要注意区分是上楼梯还是下楼梯。如果是下楼梯，一般而言，请客人处在楼梯上方靠扶手一侧，陪同者应走在客人侧前下方一两个台阶处，这样客人处于比较安全的位置。上楼梯则正好相反，请被陪同者先行，而陪同者处于下方，有利于进行安全防护。

但是有一种情况比较特殊，就是当被陪同者是位女士且身穿短裙时，在窄楼梯进行上楼梯时，被陪同的男士应该走在前面，也就是楼梯的上方，以免引起女士尴尬。

如果是公共场合上下楼梯，两列人员相向而行的时候，则应遵守公共礼仪，遵循靠右行走的原则。

在楼梯的陪同过程中，陪同过程行进位序也会因为行进具体场所、地理条件不同而灵活调整。如果客人身体左侧更为安全、有扶手，行走更为方便，陪同者此时应该主动、顺势，在不影响双方交流的基础上，自然换到客人右侧，意在将安全、方便让给客人。

三、步入会场、上台领奖、集体合影等行进位序礼仪

在诸如集体步入会场、上台领奖或合影等场合时，需要与多位领导、嘉宾、同行，或其他单位代表们等一起进入到某个空间或场所，进行某项比较正式的活动时，需要注意评估其他参与者职务、年龄、代表单位、主办方具体安排等多方因素，最好按照主办方要求，在引导人员引导下，顺序入场，既不要过分谦让，也不能不顾他人，自己先行步入会场或上台。

温馨提示

在公务工作过程中，如果涉及双人并行、多人并行等情况，要注意行走位序礼仪。总体原则是以前排为尊、以左为尊、居中为尊。多人进场时，最重要的领导人单独走在前面，视具体情况比后一排的人提前半步或者多步。两人并排行走中，以面向行进的方向为标准，以左为尊，即职位更高一级的领导人或尊者在左侧。如果公务活动同时与商务或者外事活动相关，要考虑商务礼仪或外事礼仪相应礼仪规则。同时要注意，在参观、考察活动中，要将便于参观、考察的一侧让位于被陪同人或尊者。

小贴士　"虚左以待"和中国古人位次礼俗

在古文中，常常会有"左迁""位右"之说，白居易"予左迁九江郡司马"是指被贬，而蔺相如因功"位在廉颇之右"，是指蔺相如的官职比廉颇大。所以官职方面左右尊卑在不同的朝代有不同的表现，有的是尊左，有的是尊右。那么在中国古代的位次礼俗又是什么样呢？

中国古代席位可分为堂上、室内、车上三种。堂，如果是家里，有"登堂入室"，如果是朝廷，有"天子坐明堂"，一般指古代举办宴会及各种活动的场所。就堂而言，一般是坐北面向南为尊位，如天子之位，依次为西向坐，即坐东面向西，其次为东向坐，即坐西面向东，最后为北向坐，即坐南面向北。

室，通过堂而入室，为宴饮会客的地方。就室内部空间而言，一般是东西长南北窄的长方形。在室内最尊贵的位置是坐西面东，其次是坐北面南，再其次是坐南面北，最卑的位置是坐东面西。

车，古代车骑以左为尊位。一般车上三人，车上最左边一人为最尊贵，御者居中，陪乘在右。《史记·魏公子列传》记载，空出左边的位置恭候别人，这叫"虚左以待"，就有尊重之意。

第三节　会议位序礼仪

引言导语

会议位序礼仪无论对于会议组织者，还是对参会人员而言都非常重要，而且位序礼仪纷繁复杂，要求颇多。依照我国国情，对于党政机关、事业单位在会议位序礼仪方面的要求与公共场合、商务场合、外事场合等的位序礼仪是不一样的。作为公务人员，在日常工作中会涉及各种不同场景，所以在进行相关会议组织或者参会场合，要注意区分不同场合下的会议位序。

经典案例

桌牌摆放位序有学问

小王入职某政府机关，在机关办公室工作。某日，办公室接上级通知，上级部门将派工作人员到小王所在机关部门检查党政工作开展落实情况。经机关会议讨论，确定接待人员名单，由机关主要领导带队，各部门负责人参与接待。会议安排在第三会议室。小王负责制作双方桌牌，并进行会场布置。

小王第一次参与接待工作，按照办公室主任要求制作双方桌牌，并进行会场布置。在会场布置过程中，办公室主任亲自对双方座次如何安排进行现场指导，告诉小王对方来的是机关领导，要坐在面向门的一侧，最主要领导坐在最中间的位置上，第二号领导坐在最主要领导的左侧，第三号领导坐在最主要领导右侧，以此类推。小王按照要求放置好了双方桌牌，感到很开心，因为座次安排很重要，从中他学习到了座次安排的一般原则。

在另一场会议的筹备中，小王所在的机关部门安排了一些当地企业的调研会，召集部分企业参会。小王在进行会场布置的时候，也是按照办公室主任之前讲的座次要求安排了双方的座位，但是主任说他这次安排错了。这一次小王错在哪里了？

专家解读

会议位序安排首先要确定场合，不同的场合所遵循的位序礼仪是不同的。按照现代礼仪分类，礼仪场合可以分为公务、商务、外事、社交、服务等多种类别。因为小王所在单位为政府机关，接待上级部门检查党政工作情况，是党政机关官方内部会议，属于典型公务场合。在我国公务场合会议位次礼仪总体上遵循"居中为尊，以左为尊"的原则，所以办公室主任安排座位的方式是正确的。

但当政府机关单位接待当地企业进行调研时，这些企业可能是国企、民企、涉外企业、上市公司等，这就不属于官方内部会议，应该遵循商务礼仪、外事礼仪的会议位序安排要求。在商务礼仪中，位序安排遵循"以右为尊"的原则。所以当小王在按照之前党政官方内部会议的位序礼仪来安排企业调研会时，座次安排就不妥当了。

要点综述

在公务会议位序礼仪中一般要考虑到以下几方面。

一、居中为尊、前排为尊、面门为尊、背景为尊、观景为尊

在公务场合或者其他商务、外事等场合中，会议室或者主席台位序礼仪要遵守居中为尊、前排为尊的原则。居中为尊、前排为尊，即要按照职位高低，由职位最高者居中而坐，其余按照左右依次分布在两侧。以会议室或主席台为例，在就座时，前排高于后排，中央高于两侧。

面门为尊是位序礼仪中同时要考虑的另一个原则。在会议室，如果请领导或客人入座，一般会请对方入座到尊位，即面对房门的位置，因为面对房门，会让对方有安全感、踏实感及统揽全局的感觉，而主人一方一般坐背对房门一侧。如下图所示。

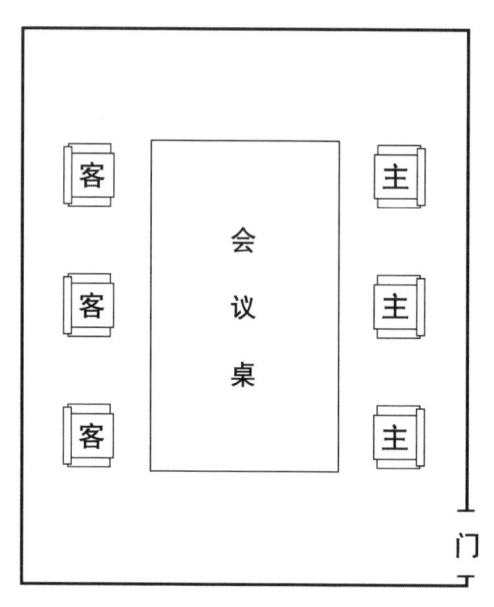

▶ "面门为尊"的位序礼仪原则

有些会议房间会布置有主题背景墙，相对于没有主题背景墙的一侧，带有背景墙的一侧为尊位。有的会议室有一面大的观景窗，窗外是非常优美的景色。如果会议桌是平行于观景窗布置的，一面是面对观景窗，一面是背对观景窗，双方面对面入座，这时应该请客人坐到面对风景一边，将美好的景色展示给客人。这是座次礼仪中另外一条原则：观景为尊。

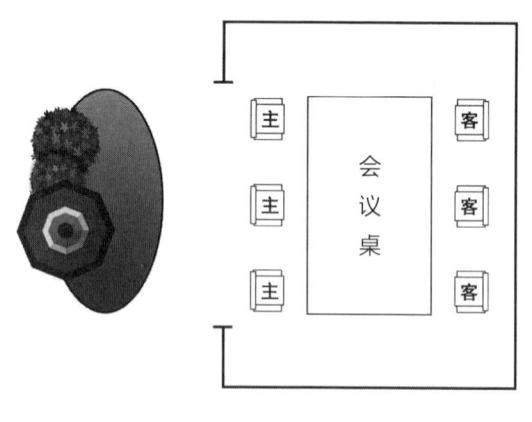

▶ 观景为尊

二、以左为尊和以右为尊

在位序礼仪排序中，因为公务礼仪强调"以左为尊"，而在商务礼仪、国际礼仪中强调"以右为尊"，对于"左"和"右"的判断，应该明确左和右是相对的，从不同的位置或角度出发会得出不同的结论。比如，从观众席角度向主席台看与从主席台上的角度向观众席看，关于"左"和"右"会得出完全不同的结论，同样从主人和客人不同的角度判断也会得出不同的结论。所以确定"左"和"右"的标准非常重要。

这里所说的"左"和"右"是从会场中第一号人物位置的视角出发而言的，第一号人物位置确定之后，其身左侧为二号位置，其身右侧为三号位置，以此类推，交叉排列。

公务人员面对的场合很多，有党政官方内部会议，也有面对群众、面对企业、面对外宾等不同对象的不同场合。在不同场合下是否都应遵循以左为尊呢？这要分场合而定。

除中国官方内部会议外，如公共场合、商务场合、社交场合、外事场合、餐桌场合等，需遵循"以右为尊"的国际惯例进行排序。这些场合的位序礼仪也是机关工作人员需要了解和掌握的。当面对不同工作对象时，或者参加不同单位、不同性质会议时，要结合不同场合和要求进行会议布置和入座安排。

需要强调的是，在面对企业时，要注意区分不同企业性质。有些国企依然保留以往惯例，保留有党团支部，在进行党政会议时，往往会采用"以左为尊"的座位排序方法；而有些民企、外企等，因为和国际、市场接轨更为直接，往往遵循国际惯例，在座次礼仪安排上会遵循"以右为尊"原则进行会场布置。在具体工作中，要根据不同工作情景综合考虑，合理安排位次。

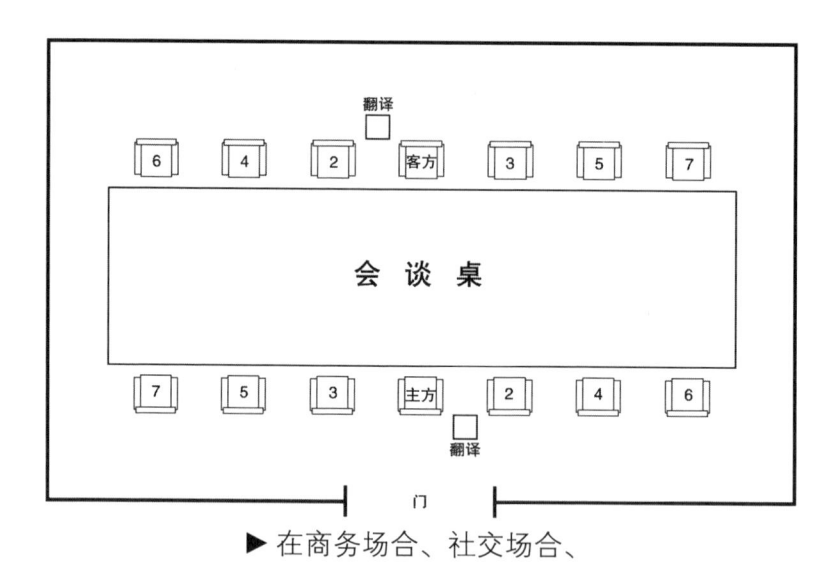

```
                          翻译
    ┌─┐ ┌─┐ ┌─┐ ┌──┐ ┌─┐ ┌─┐ ┌─┐
    │6│ │4│ │2│ │客方│ │3│ │5│ │7│
    └─┘ └─┘ └─┘ └──┘ └─┘ └─┘ └─┘
   ┌──────────────────────────────┐
   │                              │
   │          会 谈 桌            │
   │                              │
   └──────────────────────────────┘
    ┌─┐ ┌─┐ ┌─┐ ┌──┐ ┌─┐ ┌─┐ ┌─┐
    │7│ │5│ │3│ │主方│ │2│ │4│ │6│
    └─┘ └─┘ └─┘ └──┘ └─┘ └─┘ └─┘
                          翻译
                           门
```

▶ 在商务场合、社交场合、外事场合等会谈座次礼仪遵循以右为尊的原则

三、公务场合位序礼仪场景举例

1.官方内部会议位序礼仪

中国的官方内部会议位序，遵循居中为尊、以左为尊、交叉排列的原则。具体而言，在会议室内的领导席位安排如下：按照党内职务高低，第一号领导居中而坐，第二号领导坐在第一号领导身体的左侧，第三号领导坐在第一号领导身体右侧，以此类推，交叉排列。同时也要符合前排为上、面门为上、背景为尊的原则。

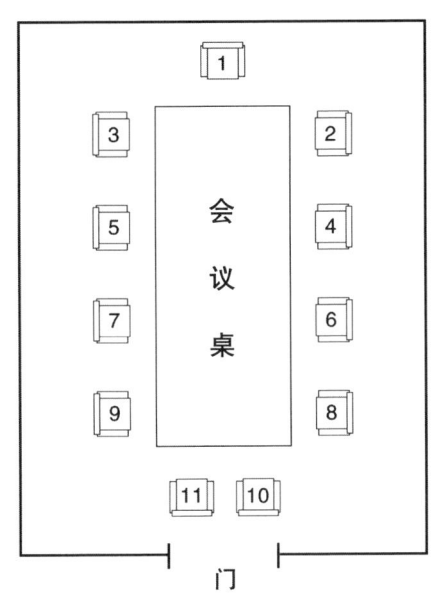

▶ 中国官方内部会议座次礼仪，遵守面门为上、背景为尊、以左为尊的原则

2.主席台位序礼仪

如果在主席台上，如人大政协会议的主席台，遵循前排为尊、居中为尊、以左为尊、交叉排列原则。即第一排领导职位或地位高于第二排领导，最重要领导位置安排在最中间的位置，最重要领导人身左位置高于身右位置。如主席台上人数为奇数，则居中者为第一号，以居中者面对台下观众时的视角来看，其身左侧为第二号，身右者为第三号，以此类推，交叉排列。

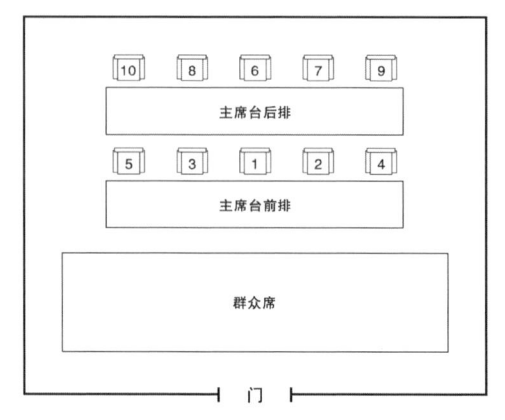

▶ 主席台人数为奇数排位示意图

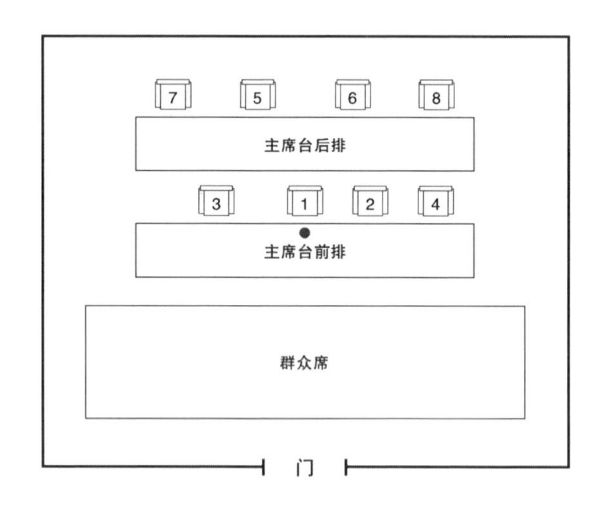

▶ 主席台人数为偶数排位示意图

会议一般会有主持人，根据具体情况主持人位置有所不同，可以将其安排在前排正中央，或在前排两侧。发言席位也有相应要求。一般而言，发言者发言一般在主席台的正前方或侧前方，发言时通常不宜坐在原处。

3.发布会或签字仪式位序礼仪

如果两个政府单位共同举办一场新闻发布会或签字仪式，位次排序不需要交叉排序，同一单位或同一方人员会顺序排列坐或站在同侧。通常双方主要领导并排入座，遵循"以右为尊"原则。以签字人视角为标准，会议桌中线右侧为上级单位或客方，会议桌中线左侧为下级单位或主方，其他参与人员可从最主要领导到次要领导从中间到旁边依次顺序排列，站立于本方签字领导身后。

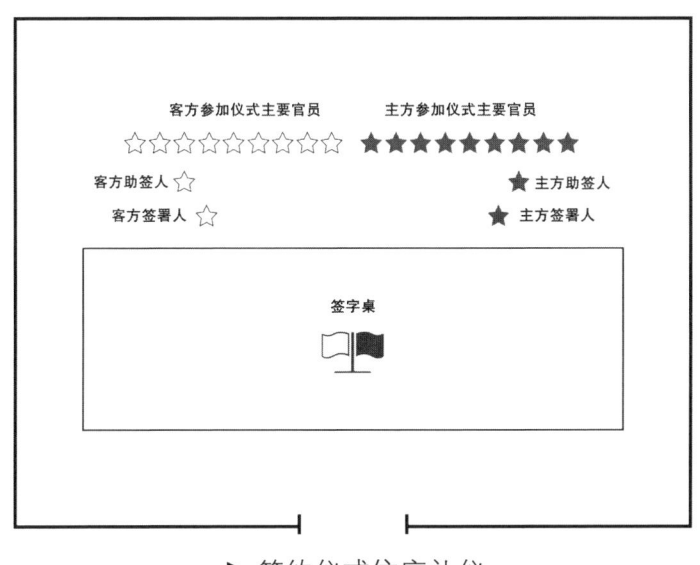

▶ 签约仪式位序礼仪

4.办公室会客位序礼仪

小型、个性化的会客也经常在办公室进行。如果对方是自己的下属，或氛围比较轻松，可以请对方坐在办公桌对面椅子上，自己则坐在自己的办公椅上。如果对方是客人，或平级同事，甚至是上级领导，一般会邀请对方到办公室沙发上坐下，或者坐到旁边椅子对面坐下。也可以直接在会议室接待，请对方坐到尊者位置上以示尊重。

5.沙发间会谈位序礼仪

有的会议是安排在面对面长条桌式会议室中，有的则安排在有肩并肩沙发的会议室内进行。筹备会议中应如何选择会议地点或场所呢？如果是非常正式，或带有谈判性、讨论性，或者双方对立性比较强的情况，通常选择面对面会议桌召开会议；如果双方比较平等、气氛比较友好轻松，礼节性的会谈，则一般会选择沙发会议室进行。一般而言，居中为尊、远门一侧为尊位，双方参与人员可以分列两侧顺序落座。

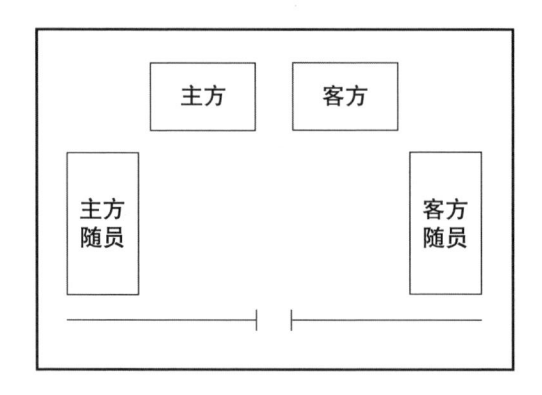

▶ 公务场合沙发间主客双方并排坐会谈会见位序礼仪

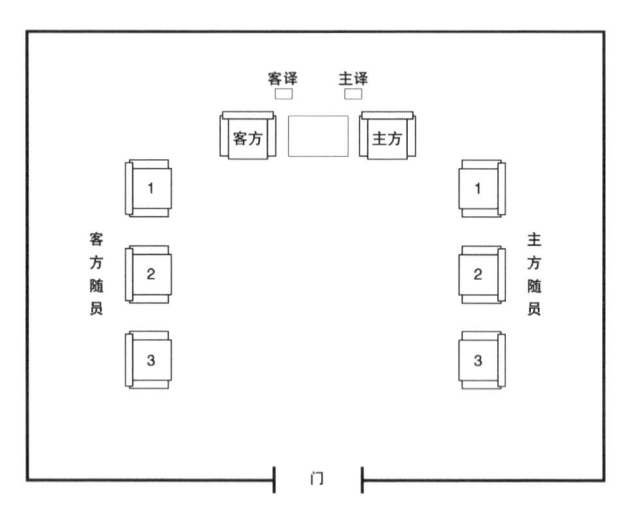

▶ 商务场合、外事场合等沙发间主客双方含译员并排坐会谈会见位序礼仪

温馨提示

在公务位序礼仪中，一定要注意区分对象和场合。对于中国官方内部会议，在位序礼仪方面，要遵循面向观众、前排为尊、居中为尊、面门为尊、以左为尊、交叉排列等原则。对于商务、外事活动、社交等场合，要注意遵循以右为尊的原则。总体而言，会议座次安排在公务礼仪中占据着非常重要的位置，在实际运用时，要注重灵活使用，秉持以客为尊、遵循惯例的原则。

> 小贴士　　　　　　**中餐宴会位次礼仪**
>
> 　　在中餐宴会中，多为圆桌，其位次一般按照居中为尊、面门为尊、以右为尊的礼仪规范安排。"在朝序爵，在野序齿"，位序排布上要根据不同场合确定，在职业场合上可按照职务高低排定先后位序，在非职业场合如朋友聚会、家宴等可以按照年龄长幼排定先后位序，长者居中坐在主位。
>
> 　　宴会位次根据需要可以安排为：
>
> 　　1.单主人制，即主人居中而坐，第一宾客在其右侧，第二宾客在其左侧。
>
> 　　2.双主人制，即主陪居中而坐，第一宾客在其右侧，第二宾客在其左侧。副主陪与主陪相对而坐，副主陪右手为客人三，左手为客人四。其余依次落座。
>
> 　　3.扇形制，中餐宴会位次礼仪此种安排多为观看演出、汇演等情况时使用，主客双方在圆桌面向演出台的一侧落座，按照居中为尊、以右为尊的规则交叉排列。

第四节　合影位序礼仪

引言导语

在会议或活动结束时，一般会有合影留念的环节。在合影留念时是先步入合影场地选好位置站好，还是等其他人站好后自己再过去？在站位时，是站在前排还是后一排，站在居中的位置还是站在边侧的位置？对于这些问题，一方面需要根据实际情况灵活调整，另一方面也要掌握基本的合影位序礼仪，按照基本的合影位序礼仪操作，才不会显得失礼。

经典案例

合影拍照的礼仪站位

小王接到一个外出学习任务。这个外出学习是上级单位组织全系统内五年内新入职员工的业务培训。培训单位邀请了很多系统内外专家、骨干等作为授课专家，同时参会的还有不少系统内部领导。

在开班仪式结束后，系统内部领导、授课专家等与参训人员一起拍合影。小王想起参加培训前自己主管领导交代：这次培训机会很难得，全系统的人都在，一定要积极主动，认真参加培训，要多多表现，为咱们单位争光。小王于是在主办方组织合影时，没有听从主办方安排，自己跑到前面第一排，主动站到领导身旁，以引起领导重视。

请问小王的做法合乎礼仪规范吗？

专家解读

合影时站位、排序要看场合和具体情况。如果是自己和朋友、同学，或者本单位团聚，现场气氛非常活跃时，合影位序一般是自由选择。但如果是在工作场合，尤其是公务活动场合、外事场合、社交场合等，就要注意不同场合对位序的礼仪要求。

小王参加的是系统内部培训，一起合影的领导、讲师、学员人数众多。在这种场合下，符合礼仪的做法是随众来到合影场地，先站在一边等候主办方组织安排，按照主办方要求入队合影，而不是贸然上前抢占合影中间位置。

要点综述

合影位序礼仪要注意区分场合，比如中国官方内部会议之后合影，还是国际外交场合、商务职业场合，或社交场合、朋友家人等不同场合的合影，合影位序要结合当时具体情境灵活处理。如果是社交场合或朋友家人在一起合影会比较随意，一般按照年龄大小来排位，年长者居中，年幼者在两旁分散而立。但如果在公务活动中，就要注意结合具体场合进行站位排序。

一、公务会议及相关活动合影位序礼仪

公务会议及相关活动合影时要遵循前排为尊、居中为尊、以左为尊、交叉排列的原则，这一点很像官方内部会议座次位序的排布方式。具体而言，无论合影人员是偶数，或是奇数，均要坚持"以左为尊"的原则，即第一号领导居中而坐，二号领导居一号领导左侧，三号领导居其右，以此类推，交叉排列。

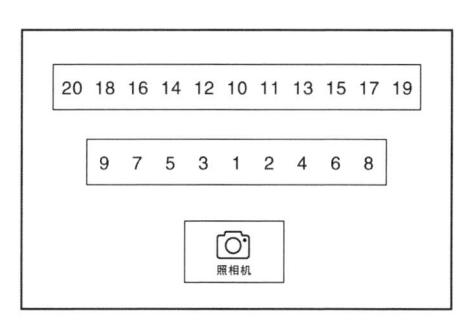

▶公务会议及相关活动合影位序礼仪（合影人数每排为奇数）

二、国际场合、商务场合、社交场合合影位序礼仪

在国际场合、商务场合、社交场合中合影位序要遵循"以右为尊"原则，这一点与中国官方内部合影位序是不同的。具体来讲，要遵循前排为尊、居中为尊、以右为尊的原则。

如果合影双方有主客之分，则一般客方一方按照职位高低排序站在主方的右侧，主方一方则站在左侧。双方职务高者处于中间位置。接见外宾时合影与之相同，主客双方可以是两人，也可以是多人，将外宾让到主方右侧，并列面对镜头站好。但如果外宾在其下榻宾馆招待我方人员，此时外宾是借宾馆地方行主人之意，我方成为客方。在合影时，我方人员将站在外宾的右手侧，以显示客者为尊。

在一些特殊场合，如上台领奖合影。一般如果主席台上有一等奖、二等奖、三等奖三位领奖者的话，居中者为一等奖获得者，其右侧为二等奖获得者，其左侧为三等奖获得者，三位获奖者面对观众席站好后进行合影。

▶ 上台领奖合影位序礼仪

温馨提示

在合影中，如果一起合影的人是本单位内部人员，其站位时可遵循交叉分布原则，若合影者之间地位平等，可随机站位。如果是两个单位或者多个单位共同合影，比如双方签署合作协议，协议签署后，双方参会者进行全体合影，则双方合影者可以按照主客双方分布进行合影，以中间为线，上级单位或客方全部成员居右顺序排布，下级单位或主方全部成员居左。此处的"左"和"右"是从合影者的角度来确定的。

> 📢 **小贴士**　　　**座次礼仪几个"有别"**
>
> "礼者,敬人也。"中国的礼是在规范中凸显对对方、对自己、对场合的尊敬,虽然在不同场合中有不同表现和规矩,但其目的都是为了通过自己的言行举止创设和维护一个和谐有序的环境,让身处其中的每一个人都有如沐春风、受到尊敬的感觉,所以要根据不同场合合理安排座次。
>
> 1. 内外有别:在正式或比较正式的礼仪场合,比如面见客户、招呼客人,要注意仪态举止,在座次安排上要比较讲究。如果只是家宴或者家庭成员之间,最年长者在主位,其他人可以不必太过严格。
>
> 2. 中外有别:在国内政府及公务场合,对于座次的要求比较高,一般按照"以左为尊"的原则进行,而在商务场合、国际场合、用餐场合等,一般是以右为尊。
>
> 3. 特殊情况有别:有些场合并没有严格的礼仪规范要求,特殊情况可以按照约定俗成比较公认的方式执行,或者按照惯例执行。对于非常重要的或特殊的场合,双方需提前约定。

第五节　交通位序礼仪

引言导语

乘坐交通工具出行是社会生活中不可或缺的内容，在乘坐交通工具时，就会涉及位序礼仪。乘坐交通工具出行的具体情形多种多样，既包括乘坐公共交通工具，也包括私人交通工具；有接待客人来本单位自己负责陪同的情况，也有自己作为专家、上级而被对方安排车接车送的情况。与他人同乘一辆车时，自己是先上车还是后上车？到达地点时，是先下车还是后下车？对于小轿车、商务车、中巴车，自己该坐在哪个位置不失礼？这些都涉及交通位序礼仪。

经典案例

领导给小王开车门

小王在机关单位工作，单位近期在开展业务能力提升培训，请不同专家进行对口业务指导。领导安排小王在培训当日去接一位专家，单位派车，由单位的专职司机开车，领导则会在专家快到时提前在单位门口迎接。

小王很开心，心想："我可以借着提前接触专家机会向专家请教问题了。"当车子开到约定好上车地点时，专家已经在等候了。车停稳后，小王迅速下车，为专家拉开了司机后面的座位车门，请专家上车。自己则转身从车子的右后门上车，坐在了副驾驶座后位置。小王一路与专家交谈着，不知不觉快到单位了。小王想起领导说要提前在楼前迎接专家，就给领导打电话，告诉领导车快到单位了。

果然，快到单位楼前时，远远就看到单位几位领导已经在等候。车子停稳后，单位领导一个跨步就来到了车子右后侧车门，拉开了车门，却没想到是小王从里面下来。而专家则从另一侧自己打开车门，下了车。见此，领导立即转到左侧，跟专家握手，欢迎专家到来。

小王见此有点蒙，他心想，为什么领导给他拉车门呢？

专家解读

小王在请专家上车时犯了一个错误。小王简单地认为，驾驶座后面的位置是全车最安全位置，所以认为驾驶座后的位置应该是专家坐的位置，自己作为陪同人员应该坐到另一侧，方便交流。但在乘车礼仪规范中，副驾驶座后面座位是领导席或者叫贵宾席，司机后面座位是陪同席。因为在车停稳后，副驾驶座也就是车子前进方向右侧是非机动车道，所以迎候一方在迎接客人时，会站在车子右侧迎接，并帮助客人拉开车门，请客人下车，以表欢迎尊敬之意。小王错误理解了贵宾席，将专家让到了陪同席上，自己坐到了贵宾席位置。而领导迎接时则按照礼仪规范，认为专家会坐在副驾驶座后面。

同时，小王仅作为单位活动接送人员，可适当与所接专家拉开距离，给专家留下私人空间，将后排让给专家，所以这个案例中小王最适合的位置应该在副驾驶座。

要点综述

在交通位序礼仪方面，既要了解不同车型的位序关系，也要注意当专职司机或者对方领导亲自开车来接等不同场合的位次礼仪。

一、不同车型的乘车位序礼仪

1.公共交通位序礼仪

公务人员素质不仅体现在公务场合，更体现在日常生活中。在乘坐公共交通时更要注意维护政府形象，维护自身形象。当乘坐飞机、火车、轮船、地铁、公共汽车等公共交通时，要遵守公共交通规范，平等礼让，不搞特权，顺序上下车、船，不挤不撞，要按照票面上座位入座，或就近选择适当位置坐好，不抢占座位、不随意替他人占座，入座时要谦让有礼。当乘坐出租汽车时，要尽可能坐在后排座位上，不打扰司机开车。

2.小轿车

小轿车上除驾驶座位外，还有副驾驶座、司机后面座位，副驾驶座后面位置，以及后排中间位置。一般而言，副驾驶后面的位置处于非车行道位置，这个位置一般为领导位置或者贵宾位置，是小轿车上最为尊贵的位置。尤其在讲究礼仪的场合，当小轿车到达位置停住后，对方接待人员或者门童一般会率先打开车右后门进行迎接。有时候，领导也会喜欢坐在驾驶座后面位置，将这个位置作为个人专座。副驾驶座位一般是工作人员乘坐。而在非正式场合，则没有太多要求，个人坐在哪个座位比较灵活。

3.商务车

对于三排座商务车而言，副驾驶座主要为工作人员使用。对于后排仅右侧开门的单开门商务车，司机后面位置为最尊贵者乘坐位置，与尊者同排的右手靠门一侧位置可以为陪同人员。如果后排是双开门商务车，则副驾驶座后面为尊位，其他同行人员可以左侧上车坐在驾驶座后面。最后一排的级别要低于中间一排，入座时要先上车，下车时要等前排人员下车后再下车。

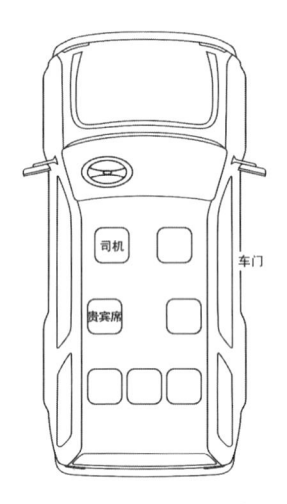

▶ 后排右侧单开门三排座商务车乘车位序礼仪

4.中巴车和大巴车

中巴车最尊者位置并不在司机后面，因为这一排位置正对着中门，并不安全，而是后面一排，也就是中门斜后方靠近里侧位置，这个位置一般是尊者乘坐位置。大巴车就不一样了，司机后面是尊者位置。很多人一上大巴车喜欢往前坐，如果同乘人有客人、领导、长者、女士等，应该将他们让到前面入座。

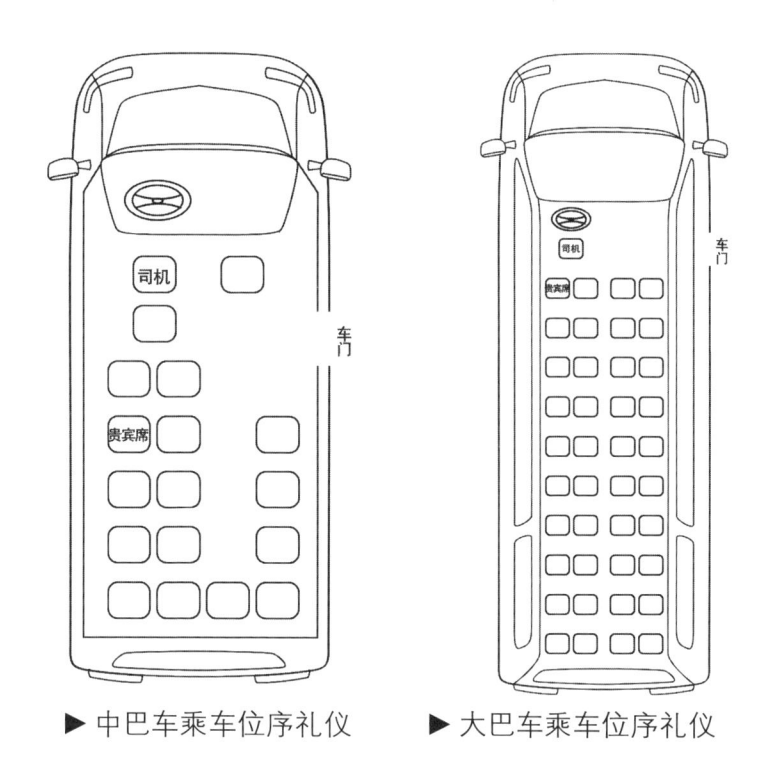

▶ 中巴车乘车位序礼仪　　▶ 大巴车乘车位序礼仪

5.越野车

对于越野车而言，不管是主人开车还是专职司机开车，副驾驶座是尊者位置。在礼仪场合，礼宾人员在迎接客人时一般会率先拉开副驾驶座车门，请客人下车。这是因为越野车是源于战争时期首长的指挥用车，前排视野最好。

二、专职司机开车时乘车位序礼仪

如果只有专职司机自己开车来接时，专职司机在接到客人时要首先进行自我介绍，表明自己专职司机身份，这时客人一般可以选择后排就座。但如果客人主动选择前排就座，坐到副驾驶位置，这也意味着客人对专职司机格外尊重。

专职司机开车，主办方同时有陪同人员来迎接时，一般会将车上最尊贵的位置留给客人，主办方视身份及与对方的关系选择坐在同排进行陪同，或者坐在副驾驶座。

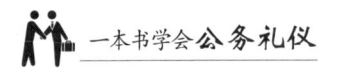

三、主人或主办方负责人等非专职司机开车接送时乘车位序礼仪

一般而言，副驾驶座被认为是最危险的座位，一般人不愿意坐在这个位置。但是当主人或者主办方负责人，或同事、朋友、合作伙伴等非专职司机亲自开车来接客人时，被接客人一般应坐到副驾驶座上，与主人并排而坐。这是因为主人尽地主之谊而亲自开车来接，体现对客人的尊重和照顾，不能以安全与否来判断。被接客人坐在副驾驶座上，一是方便沟通交流，二是对主人亲自来接表示信任和感谢，体现相互尊重。

所以当非专职司机亲自开车来接时，前排副驾驶座位上尽量不要空出。有时候是领导开车，下属搭乘领导的车，下属不好意思坐在前面而坐在后排，这样反而会显示出对领导的不尊重。下属可以征求意见后坐在前排，正好跟领导多交流沟通。

如果主人或主办方负责人等非专职司机开车来接时是多人乘坐，且副驾驶座上客人在中途下车，后排座位的客人要随车继续前行时，后排客人应主动下车移到前排副驾驶座位上，这也体现出对主人或者非专职司机的尊重。

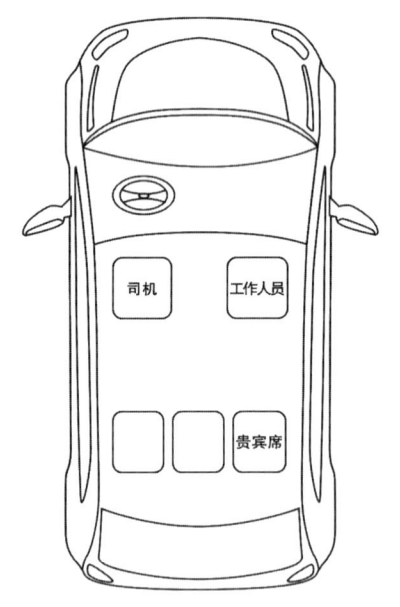

▶ 小轿车专职司机开车时乘车位序礼仪 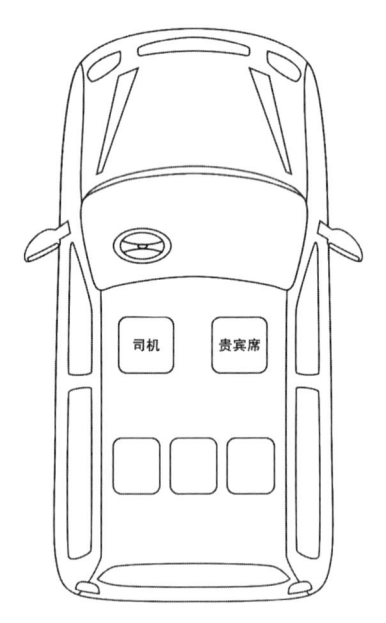　　▶ 小轿车主人等非专职司机开车时乘车位序礼仪

四、上下车位序礼仪

与其他人一起同行乘车时，谁先上车谁先下车也需要注意。一般而言，如果同行者有尊者、领导、年长者、女士等，要遵循让便利于尊者、突出尊者的原则，一般在上车时，请尊者先上车，自己后上车；下车时自己先下车，然后再为尊者打开车门请尊者下车。

在现实中，有一些特殊情况需要注意：如果对方有人接待，有比较隆重的欢迎仪式，则下车时对方接待人员会为尊者拉开车门，进行欢迎仪式。这个时候，尊者要先下车，然后自己再下车，使对方的关注点首先集中到尊者这边。在送别时，如果人多，那么随同人员要先上车等待，尊者或领导在与对方简单告别之后再上车，以突出主要领导。

无论何种车型，在上下车时，要注意尊敬、礼让别人，在位次安排以及上下车顺序时，要突出尊者、方便尊者，根据不同场合灵活处理。

温馨提示

乘车位序礼仪非常复杂，总有一些时候，有些人或许是因为不懂，或许是因为客气，没有坐在恰当位置上。这时，主人或者主办方应该做出解释或者主动邀请客人坐到尊位上。但如果客人坚持要坐到某个座位上，主人也应理解，最大的尊重是尊重对方的选择，客人坚持选择的位置就是最尊贵的位置，此时要灵活处理，不应过分拘礼。

第九讲　公务媒介礼仪

导语： 当今高科技、网络传播发展日新月异，涌现出许多新兴媒体载体，比如网络论坛、微博、微信、邮件、传真等，我们在享受这些新媒介带来的便捷时，也应重视同它相关的文明礼仪，让现实生活中的尊重、理解、礼遇、包容等美德在新媒体中传承发扬。越来越多的交往实践表明，以自律规范加组织规范的方式治理社交媒体的使用管理，正在形成一种主流社会价值观。

公务媒介礼仪是现实社交礼仪向网络空间延伸的人际关系仪式，是社会主义核心价值观在公务媒介中的展示与运用。尽管目前互联网上还没有非常规范的礼仪标准，但公务媒介礼仪已经在长期的公共事务交流中形成了一系列行为模式和先进典范，我们主要总结梳理了常用公务网络礼仪、公务电话礼仪、微信QQ礼仪、邮件传真礼仪、新闻发布会礼仪等，供大家在社会实践中学习思考。

第一节　公务网络礼仪

引言导语

社交媒体的出现和兴起，正在深刻改变新闻报道的生产机制和记者的报道方式。最主要体现在从组织化生产向社会化生产的变迁，即越来越多的新闻信息不再由专业化的记者和媒体组织来生产，而由网民进行爆料、核实、评论、转发和传播，或由网民和记者、公众和媒体协同生产。有人认为，当我们沟通交流从现实延伸到网络，交往的礼仪似乎显得没那么重要，反正网上彼此大都不认识。而事实上，无论是现实世界，还是虚拟空间，只要存在社交，就必须遵循一定的人际交往准则。

经典案例

网络留言也应一诺千金

小王是一家公司无人机产品销售员。按照单位要求，每月会对新发布产品进行全平台网络推广，在朋友圈、微博、抖音、小红书等平台发布相关信息。

一天，小王在许多大的网络平台发布了公司2024年新款无人机推广帖：

"欢迎广大用户到我公司实体店体验、试飞、参观，欢迎广大网友留言咨询，我们做到留言秒回、有问必答，诚信经营……"

网友看到这些网络推介帖非常暖心，然而下面的留言栏却让人高兴不起来。

一位畅飞者说："广告语说可以'试飞'，我很兴奋，多次打他们预留电话不是占线，就是无人接，我坐2个多小时公交车到实体店，店员告诉我能在模拟机上试飞，不能在天上飞，因为这里是禁飞区，这时我有一种上当的感觉……"

一位名为洞察客的网友，在看到微博平台帖子后，私信留言："你好，因拍摄需要我们剧组急需一批贵公司的新款M3无人机，麻烦尽快与我联系。"

然而本公司销售经理发现此帖时已有半个月了。后来小王才说了实话，他发布推广帖后，这些天一直忙于自己手中的工作，把网上的留言没当回事，也没有及时查阅后台留言，当他看到的时候已过去半个月了，他再次联系网友时对方已购买了其他公司的替代产品。

销售经理得知这些问题后，很快召集全体人员召开讨论会，主题：网络留言也要一诺千金，否则失礼、失信、失客户。

专家解读

网络留言含糊其词易误解、轻言承诺不兑现，都是没有礼貌、缺乏社会公德、不懂公众交往的表现。作为一个公司、一个单位、一个团体，发布网络留言帖，就是向社会公众公开发布公告，必须严谨规范、实事求是、诚实守信、一诺千金。不能因为网络虚拟而随心所欲、无所顾忌。

要点综述

一、始终处在以礼相待"状态"

许多网络客户应用空间标识着"在线""忙碌""离开"等网络使用人的"状态"。即时聊天礼仪在公务应用上有个非常重要的环节，就是注意自己和对方的在线状态。如果某人的状态为"离开"或者"忙碌"，就要设身处地地想一下，使用这种状态，说明现在有事不在，或者正在忙着，表明回避网上交流，或不想被他人打扰。换句话说，如果对方状态是"忙碌"，就尽量不要打扰。即使对方目前的状态是"在线"，也要先礼貌询问一下是否可以占用对方一点时间，进行公务沟通交流。

二、最好工作账号与个人账号分开

公私分明是公务交往的基本要求。网络工作账号与个人账号分开同样是基本常识、基本礼数。如果你平时除工作外，经常使用即时聊天软件进行社会交往活动，最好申请两个账号区别使用，这样既能使公务活动与个人事务明确区分，又能提高工作效率，避免干扰甚至泄露国家或单位秘密,造成严重后果。

三、规范信息传播

谨言慎行本身就是一种高尚礼仪。网络是一个多端口开放平台。信息传播可能呈集合式瞬间爆发扩散,甚至出现"好事不出门,坏事传千里"的现象。一封电子邮件都可能在办公室传得沸沸扬扬,一段不经意的话也很可能被有心人保存下来,然后在公司内部散布开来。因此,公务网络传播信息内容必须严格规范、简洁明确、叙事清晰、准确无误,同时要弘扬正能量,坚持底线思维,管好自己的手指头,不能把消极、不健康甚至"三俗"的东西发送给对方,传播到网上。

四、避免教化

网络沟通的方式应用在公务上,一般只做比较简单的事情,如日常活动、会议安排,以及需要马上得到回答时发出询问。所以不要使用网络去批评或训斥他人。一方面这种方式过于随便,会让对方觉得不被尊重;另一方面网络上这种严肃的交流往往容易让对方误解,起不到真正的感化教育效果。如果一定要进行批评教育,最好面对面地交流。

五、善用表情符号

网络上使用的表情符号,既简单快速,又能表达情绪,非常省时,广为大家接受和推荐。聊天时适当加个表情符号,会让人产生亲近感,能更直观地表达自己的情绪,也能通过符号释放出你的善意和意愿,与对方沟通互动的心意,活跃聊天气氛。当然,发表情也要适度,不宜将一个表情连发多次、将多种相似表情发一串,给人感觉很廉价,又费时费力,浪费网络资源。

六、防止泄密

网络沟通基于移动互联网的各类应用服务,聊天记录、文件收藏都会在"云端"传输、处理、存储,一旦涉及国家秘密信息,就等于将涉密信息完全暴露在互联网环境中。网络即时传播的特点,使得信息资料能够极快速、大范围传播,知悉范围完全不可控。避免网络泄密要做好以下几点:

1.杜绝使用网络存储、处理、传输国家秘密和工作秘密。包含文字、视频、音频、图像等资料，不得通过网络传播、发布保密要害部门、工作环境、位置信息；不得通过网络谈论国家秘密和工作秘密等事项。

2.指定专人负责，严格网络工作群管理。交流内容严格限定为周知性的一般信息，禁止群成员传播一切国家秘密和工作秘密。

3.认真落实审查审批责任制。加强网络管理，按照"谁公开，谁审查"的原则，切实做到人人尽责、层层把关，及时排除泄密隐患和风险。

温馨提示

网络交往是现实生活的再现与延伸。公务网络礼仪要遵循核心价值观和社会主义文明礼仪准则，坚持真诚与人沟通，礼貌与人分享原则。

小贴士　　　　迎客：在哪里迎接

迎客没有一定的规范。但一般对于比较重要的客人，如果与之邀约第一次会见，就应该主动安排车辆上门去迎接，比如到酒店、机场，或者客人家里去迎接；对于一些一般性的客人，可以在办公楼门前、电梯口，或者是在办公室的门口迎接。也就是说，根据客人生熟程度、重要性不同，采取不同迎接方式。如果是在办公室迎接客人，客人来了一定要起身相迎，即使工作再忙，站起来迎接客人也是最基本的礼貌。

第二节　公务电话礼仪

引言导语

电话是不见面的沟通，看似只闻其声不见其人，其实你的声音、态度和语气等信息已通过电话源源不断地传递给对方，给人留下比较深刻的印象，甚至有如见其人的感觉。电话沟通交流不仅能够真实地体现通话双方的个人素质，还能反映出所在单位的形象。因此看似平常的接打电话，必须认真对待，礼貌称呼，仔细记录，准确传达，耐心交接，确保电话接打体验舒适，沟通内容准确无误，及时落实到位。

经典案例

秘书接听电话要讲礼仪

某公司董事会办公室李秘书忙碌了一下午，正准备去食堂吃晚餐，突然又响起了电话铃，李秘书不耐烦地接通了电话……

李秘书：喂？听不清，大点声好吗？

客户：您好，麻烦您转一下王总。

李秘书：贵姓？王总今天很忙，明天打来吧。

客户：我姓张，叫张力。我有急事要找王总。

李秘书：能跟我说吗？

客户：这事比较啰唆，一句话说不清，您还是给王总说一下，约个时间见面说。

李秘书：都要跟王总见面，他哪里有那么多时间，他都累病了，明天打来吧。

客户：我确有急事，今晚就想见王总，我现在就在公司门口等着呢，请您通融一下，拜托了。

李秘书：说实话，王总这段时间劳累过度，下午送医院了，现在还在打点滴，晚上您见不到了，只能明天看情况了。

客户：对不起，您早说就好了，那我明天再打电话吧。

专家解读

"言为心声，形为心迹。"李秘书的确劳累了一天很辛苦，但对客户表现有失礼之处：一是居高临下，不耐烦就是失礼；二是遮遮掩掩开始时不说王总住院实情，违反真实性原则；三是不使用礼貌称呼，大声喊话，会给客户一种不文明的印象。电话沟通传递着你的全部信息，身边的领导、同事可能也是接听电话者，所以必须保持"内外一致，线上线下一致"，方能体现礼仪基本规范。

要点综述

一、拨打公务电话基本礼仪

1.把握打电话时间

有关工作的电话最好在上班时打。不要轻易改动双方约定的通话时间。要想使通话效果好，免受对方繁忙或疲劳影响，通话一般不选在周末，而且尽量不要在对方用餐、睡觉、过节、周末时打。与人通电话时，需顾及对方在作息时间上的特点。打电话到国外，还应考虑到时差。

2.准备好打电话内容

打电话应有一个明确的指导思想，每次打电话的时间一般不超过三分钟。公务人员在打电话之前，为节省时间，一定要条理清晰地预备好提纲。而后根据腹稿或文字稿来直截了当通话。若拨通电话时对方正忙，则不应强人所难，可约一个时间再打。此外，与不熟悉的单位或个人联络，提前了解清楚对方的名字和电话号码，免得弄错而浪费时间。私人电话通话时长则应视具体事情和双方交流程度而定。

3.注意打电话方式

打电话关系到自己和公司的形象，所以应慎之又慎，不能毫无礼貌地随口便讲。正式的公务交往中，要求礼貌用语与双方的单位、职衔一同说出。在礼貌性问候语以后，应同时准确地报出自己的姓名。不能还不知道对方是谁，一上来就跟人家拉近关系，这样可能会让接电话的人一头雾水。如果电话是由总机接转，或对方的秘书代接的，在对方礼节性问候之后，应当用礼貌用语应对，不要对对方粗声大气，出口无忌，或是随随便便将对方呼来唤去。得知要找的人不在，可请代接电话者帮助传达一下，也可以过后再打。通话时若电话中途中断，按礼节应由打电话者再拨一次。拨通后须稍做解释，以免对方生疑，以为是打电话者不高兴而挂断的。一旦自己拨错了电话，切记要向被打扰者道歉。

4.不打无意义电话

遇到某些特殊情况，如需要通报信息、祝贺问候、联系约会、表示感谢时，有必要打一下电话。但毫无意义、毫无内容的电话，最好不要浪费时间去打。如果想打电话聊天，也要尊重对方的意愿，先征询对方同意，然后选择适当的时间。切忌在单位打私人电话，或在公用电话亭肆无忌惮地打电话，毫不顾及其他等候打电话人的感受，这是极不自觉的表现。

二、接听公务电话基本礼仪

1.接听及时

电话铃一旦响起，应当尽快去接，不要让对方等得太久，因为等待中的人容易变得焦急。如因故不能及时去接，应在拿起话筒后先表示歉意并适当解释一下。

如果是单位工作电话，应在铃声响两下之前去接，否则会让人怀疑你单位的工作效率，并进一步影响单位形象。如果是在家中接电话，尽管没有必要像在单位里那样及时，但尽快去接是对对方的尊重。如果是在电话铃响了五下以上才去接的，也应向对方表示歉意，向对方解释一下延误接电话的原因非常必要。

2.应对得当

在工作场所接电话，首先应问候对方，然后自报家门，或先自报家门后再问候对方。这样做一是出于礼貌，二是说明有人正在认真接听；三是万一打错电话就可以少费很多口舌。因为在工作场合，效率总是被首先考虑的事，规范的电话礼仪体现的不仅是对对方的尊重，而且是本单位高效率和严格管理的彰显。

在私人寓所接听公务电话时，为自我保护，可按照国外做法以电话号码作为自报家门的内容，也可以只报姓氏，不必留名，或者干脆不介绍自己。拿起电话后的问候语应当礼貌，切不可拿起话筒，毫无礼貌地直接问答。

3.姿态端庄

在办公室中接电话，尤其是外来客人在场，最好走近电话，双手捧起话筒，以站立的姿势，面含微笑地与对方友好通话。不要坐着不动，一把把电话拽过来，抱在怀里，夹在脖子上通话。不要拉着电话线，走来走去通话，也不要坐在桌角、趴在沙发上或是把双腿高抬到桌面上，大模大样与对方通话。尽管对方看不见你打电话时的姿态和表情，但你的声音会把你此时此刻的姿态、表情、心境在不知不觉中传递给对方，从而让对方感受到你此刻对他的态度。因此，最好从拿起电话筒就开始注意自己的言行举止，直至结束通话。打电话前应保持平静的心态。在与对方电话交谈时，不应穿插与他人的谈话，要注意避免一边与朋友说笑，一边拿起话筒接电话，也不要在结束电话交谈前的间隙里急于与旁人讲话，更不要谈及与对方无关的话题。如果万不得已，有急事要处理，应向对方说明。

▶ 接电话姿态礼仪

4. 语音语调适合

通话双方处于互相看不见的两地，人们往往通过对方的声音来揣摩对方的情绪、心境甚至长相，并形成关于对方的电话形象。因此，电话交谈时使用合适的语音语调非常重要。电话交谈时，语调应尽量柔和，以此来表达自己的友善，生硬的语调容易让人觉得不大友好。吐字应当准确，句子应当简短，语速应当适中，语气应当亲切、和谐、自然。

5. 认真倾听及时记录

电话交谈时，双方都要集中精神仔细倾听对方的讲话，为了表示自己在专心倾听并理解了对方的意思，需要用一些简单的字作为礼貌的反馈。办公室业务电话通常需要做记录。记录的内容主要包括五个方面：来电人的姓名、单位、来电时间、主要内容、联络方式。如有重要内容还需详细记录。

温馨提示

讲究拨打接听电话礼仪，可以展示形象，加深友谊，提高效率，增进人与人之间的交流合作。

小贴士　　寒暄：基本"客套"不可少

寒暄是工作中的"一杯热茶，一张笑脸"，必不可少。在采访会见中，应当增加一些寒暄。随着年龄的增长，级别的提高，很多采访人员，特别是职务较高的领导，都不愿说一些客套话，或者根本不屑于去说客套话。其实适当地说一些"您好""欢迎""辛苦啦""希望下次再来""祝周末快乐"，或者在工作当中适当地对对方说一些令其高兴的话，让人一听就能感觉到这是你对对方实实在在的关心，可以彰显你的品位。第一次见面可以说"很高兴认识你"，以后见面可以说，"很高兴见到你"。基本的"客套"，是我们中国人礼仪文化的素养，也是中国传统文化的符号和标志，应当牢记。

第三节　微信QQ礼仪

引言导语

2024年腾讯发布的第一季度财报显示，微信月活跃用户数量已经达到13.59亿，QQ月活跃用户5.53亿。微信QQ成为中国绝大多数公民参与新闻生产、传播、发布的主要媒介。在腾讯成为中国社交软件一家独大的情境下，建设微信QQ礼仪，作为新媒体环境规范重建的突破口，具有较强的现实意义。微信QQ礼仪基于社交链条环境下的亲友约束，有效移植了现实社会的人际交往礼仪。

经典案例

工作群泄露疫情防控信息被问责

据报道，2020年1月26日，广西某疾控中心办公室主任熊某某在未经审批的情况下，擅自将该县新冠疫情防控有关工作材料发送到本单位QQ工作群。

工作人员区某某发现这一信息后，随即将原文转发到其个人微信群，并被其他群内成员转发扩散，对本县涉疫人员造成困扰，在社会上造成不良影响。

2月3日，县监委决定对熊某某、区某某进行立案调查。随即本单位QQ工作群被封，相关泄密者受到处理。

专家解读

近年来微信QQ等平台办公泄密案件数量不断攀升，以上的典型案例告诉我们，微信QQ具有开放性，必须加强网络文明安全管理。

一是原则上不提倡使用微信QQ办公。因工作特殊、确有需要的，可以在控制范围内组建工作群，交流内容严格限定为周知性的一般信息，禁止传播一切国家秘密、工作秘密、商业秘密以及个人信息。

二是禁止涉密人员使用微信QQ办公。将涉密载体流程管理与智能手机使用管理结合起来，从源头上消除涉密文件数字化的隐患。

三是强化网络风险意识。把风险防范意识和责任意识层层传导到每一个人。

要点综述

根据礼仪的一般要求和微信QQ的具体功能特点，可将微信QQ礼仪分为本人信息发布礼仪、与对方直接相关信息发布礼仪、与对方间接相关信息发布礼仪三种情况，简述如下。

一、本人信息发布礼仪

微信QQ中属于自己信息的，包括微信QQ名称、微信QQ头像等。微信QQ名称设置最好是真实姓名或者包含真实姓名和单位名称，这样可以增加个人的真诚度和可信度。

微信QQ头像最好选择可信的本人照片，或者风景、花朵、艺术等，避免使用奇怪的动物头像或荒谬的场景头像等。

二、与对方直接相关信息发布礼仪

1.添加好友。在添加一些从没见过的人（搜索、一对多的交流、微信QQ群等渠道）时，在好友验证里应介绍清楚交往意图："我是×××，单位×××，期待能跟您合作。"对方接受、通过后，要及时和对方打招呼并详细说明添加好友的目的，避免添加好几天后才打招呼或者完全不打招呼。

2.发送及回复信息。不要在早上9点前或晚上9点后发送工作信息，并避免在中午1点至2点之间给工作联系人发送工作信息，除非迫不得已或者对方首先发起交流。微信QQ发起的请求，要注意留下足够的时间给予对方回复，不要询问对方"在吗"，尽量不发要求马上回复的信息。本人收到消息应及时回复。

3.语音信息。与亲密度较高的好友聊天，使用语音信息可以更加便捷。但是语音信息对发送者是方便的，对于接收者却需要花更多时间聆听才能获得所需信息。所以，在公务沟通中，如果亲密度没有达到很高的程度，谨慎使用语音信息，除非迫不得已。在微信QQ群组当中，也应当尽量避免使用语音消息。

三、与对方间接相关信息发布礼仪

1.发布群组信息。微信QQ群的信息发布，应该根据信息量的大小、信息的私密性和时间要求做出判断，注意以下几个细节。

（1）信息完整性。一次发送完毕一段完整的话，以免被其他人的信息截成几段，但要注意最好别超过200字。

（2）信息准确性。避免发送存在大量错别字、过于口语化的信息，转发的信息要经过核实，自己的信息在发送之前可打草稿。

（3）信息私密性。群组的聊天内容，应该不只与一个人有关，使用的语言最好是大部分群员都听得懂的语言。如果只需与其中的一个人沟通，最好添加对方为好友，单独聊天。

2.组群、入群、退群礼节。组建一个群，应事先沟通，交代清楚组群意图、主要的群组成员。拉人进入一个群，应事先与人私聊沟通，交代清楚拉入群意图。自己新加入一个群，里面有并不认识的人，最好先做一个简短的自我介绍。如果是工作相关的群组，还要更详细地介绍单位、公司名称、职位、入群目的、在项目中负责的工作内容等。退出一个群也应略做交代再道别退出。讨论结束，解散群。

在群中发送信息量大、透明度高、需要充分讨论的问题时，不宜在群组中宣泄负面情绪，同时群中不宜发布过多的信息，不宜发布需要人人即时反馈的信息。

3.发朋友圈礼数。朋友圈发送或转发的信息，应保证事实准确，观点不致伤害你的好友，如果可能伤及某一好友，应使用分组功能避免其看到。适时调整，避免炫耀、偏颇、歧视、成见性内容过度集中发布。

作为工作用途使用的微信QQ，应尽量避免在朋友圈发一些或荒诞或搞笑的照片，如果要发也要使用分组功能避免让工作相关的联系人看到。发朋友圈时，请先查阅回复与未回复的微信信息。否则，对方看到你有时间发朋友圈却不回信息，会觉得你不礼貌，产生不舒服的感觉。

4.发出信息要精简。有的人发微信QQ说半天仅仅是个铺垫，最后才出现一点点具体内容，浪费彼此的时间。微信QQ沟通要注意不要长篇大论说不到重点，尽量简化要说的信息。

5.尽量不发语音。首先，很多时候要考虑对方是否方便接听语音，如果对方正在办公、开会、上课或陪客户，一定不方便听语音。其次，语音没有文字沟通方便快捷让人一目了然。当然，对于家里不会打字的长辈，互相沟通用语音完全是可以理解的。如果你打字比较慢，或有急事要语音处理，在想和对方语音聊天或视频之前，先给对方发文字信息问其是否方便。

温馨提示

在社交媒体上会聊天，懂礼仪、善交际，是新时代需要掌握的必备技能和素养，掌握这些礼仪常识，可使工作效率倍增。

小贴士　　　手机短信有讲究

1.短信一定要前有称呼，后有署名。亲切称呼对方和署上自己的姓名，既是对对方的尊重，也是发送短信的基本格式。

2.短信祝福不宜冗长。慰问祝贺之类最好用简短语。节日期间，接到对方短信并回复后，一般不再发致谢之类短信，因为对方进行再次回复很是不便。

3.有些重要电话或活动可以先用短信沟通预约，省时省力。

4.短信内容选择和编辑要健康，及时删除不希望别人看到的短信。

5.发短信不宜太早或太晚。一般早上在八点以后，晚上不超过十点半。

6.将常用手机号码用对方姓名储存，防止发短信时出错或重复发送，以免误事或干扰他人。

第四节　电子邮件传真礼仪

引言导语

传真和电子邮件在公务领域中的应用也很广泛，电子邮件传真礼仪已成为公务礼仪的重要组成部分。电子邮件又称函件或电子信函，用途广泛，如贸易业务、出国留学的联络，亲人朋友之间的通信等，作为工作场合的业务沟通，电子邮件提供了很多便利，同时也带来很多风险。传真的主要优点是操作简便，传送速度迅速，还可以将包括复杂图案在内的真迹传送出去，其缺点是发送的自主性能较差，需要专人进行操作，有时清晰度难以保证。随着现代社会公务沟通越发频繁，电子邮件传真礼仪显得非常重要。

经典案例

邮件传真送给谁

一天，王秘书从单位邮箱里收到一封邮件，打开一看是一份协议书。接着又一阵传真铃声响后，传真自动收到两页纸，打开一看也是一份协议书。

王秘书一核对，是同一份内容，但是没有抬头，没有写明送谁。王秘书由于手上刚好有急事处理，也没有询问对方要发给哪位，就搁置了。

第二天上午，电话铃响过后，王秘书刚拿起电话就听见一个人在电话那边嘶喊："我昨天邮件、传真都给你们发了，显示成功收了，而且是按照你们的要求改的，为什么还不回复，我们领导都等急了……"

"你不写抬头我不知道给谁送……"王秘书这才发现问题的严重性。

"对方没有写抬头你要问呀，我昨天一直在等反馈的协议。"这时公司的副总走过来问话。

王秘书很后悔地说："是的，我昨天应该主动问清才对，是我错了，耽误了双方的合作进展……"

专家解读

当你发送传真时，为确保文件传达及时有效，一定要在通话时告知对方接收人，或者在传真上注明接收人，避免传真接收后不知道接收人是谁，耽误工作进展。当收到传真时，假设对方没有说清楚给谁，一定要询问对方："请问，您的传真要交给哪位？"这样，对方就会明确地指明传真需要报送给谁，就不会找不到接收人或送错人。这个案例同时告诉我们，发邮件传真一定要注明送给哪个部门或哪个人，这是最基本的礼仪。

要点综述

一、使用电子邮件礼仪

随着网络技术的快速发展，电子邮件成为人们在网络办公过程中经常使用的交流工具。使用电子邮件要遵守一定的规范，这也是网络礼仪的一部分。

1.在电子邮件"主题"或者"标题"栏，一定写清楚信件的主题或标题。否则，容易让对方误以为是垃圾邮件，不打开就直接删除了。在撰写内容时，应遵照规范的商务文书格式书写。

2.定期打开收信箱查看，以免遗漏或耽误重要邮件的阅读和回复。一般应在收到邮件的当天予以回复。如果涉及较难处理的问题，要先告知对方你已收到邮件，处理后会及时给予正式回复。

3.定期整理收信箱，对邮件分类保存。对于和公务无关的垃圾邮件，或者已无实际价值的邮件，要及时删除。

4.邮件抄送时要按前后顺序进行。原则上，地位高的人排在前面。比如说，最高级领导应该放在最前面，二级领导放在其后，同级同事应该放在更后。如果你不清楚顺序应该怎么排或者公司的文化差异，可以参考一下公司同类邮件是如何发送的。

二、使用传真应当注意的礼仪问题

1.使用传真必须在具体的操作上力求标准规范。不然，其效果会受到一定程度的影响。本人或本单位所用的传真机号码，应被正确无误地告知重要的交往对象。一般而言，在商用名片上，传真号码是必不可少的一项重要内容。对于主要交往对象的传真号码，必须认真地记好。为了保证万无一失，在向对方发送传真前最好先向对方通报一下。这样既提醒了对方，又不至于发错传真。

发送传真时，必须按规定操作，并以提高清晰度为要旨。与此同时，也要注意使其内容简明扼要，以节省费用。单位所使用的传真设备，应当安排专人负责。无人在场时，应使之处于自动接收状态。为了不影响工作，单位的传真机尽量不要同办公电话采用同一条线路。

2.使用传真必须牢记维护个人和所在单位形象，不失礼数。在发送传真时，一般不可缺少必要的问候语与致谢语。出差在外，使用传真机时，需防止泄密。发送文件、信函时，更要谨记这一条。无论邮件还是传真，当把所有内容信息填写完毕之后，复查审核很有必要。这样能够有效减少邮件传真内容信息差错，杜绝犯低级错误的风险。

3.使用传真时要注意语言，要礼貌不要生硬。不要说："给我信号，我要发传真。"或者没有在传真上注明是给某某部门或某某人的情况下，直接说："传真是给某某的。"不要不等对方记录就挂断电话，对方会因为匆忙之中没有记牢而无从准确送达。

接收传真时，当对方还没准确地说出接收传真的部门和个人，就说公司没有这个人，挂断传真电话，粗暴地拒绝接收传真，这样做的后果一是会破坏公司形象，二是有可能拒绝了诚心想与单位公务交往的对方，从而失去合作的机会。人们在使用邮件传真时，最看重的是它的时效性。因此，在收到他人的邮件传真后，应当在第一时间采用恰当的方式告知对方，以免对方惦念，需要办理或转交、转送他人发来的邮件传真时，千万不可拖延时间，耽误事情。

温馨提示

使用邮件传真一定要遵守职场规范，一般应在收到邮件、传真的第一时间，采用适当方式告知对方，以免对方惦念。

第五节　新闻发布会礼仪

引言导语

新闻发布会，简称发布会，有时也称记者招待会。它是一种主动传播各类有关信息，谋求新闻界对某一社会组织或某一活动、事件进行客观而公正报道的有效的沟通方式。遵守发布会礼仪，可以更好地联络、协调与新闻媒介之间的关系，提高信息发布工作效率。

经典案例

提问讲究礼仪

在某年两会部长通道上，来自全世界媒体记者争抢联合采访机会。美国的一位女记者获得了提问机会。

这位记者获得提问后，很激动，描述问题冗长且不清晰，用了将近一分钟之久。另一位记者多次翻白眼，甩头表示不满。

后有网友留言：一个提问冗长，违反约定失礼，一个示意不满，当众泄愤失范，都违反了新闻发布会基本礼仪。

专家解读

对于一个出镜记者而言，应当注重新闻发布会礼仪，要明确自己的定位，认清自己的职责，准确简短地提问，避免长篇大论，更要学会情绪的控制，发布会不是哗众取宠的舞台。如果不能够准确定位自己的角色，在直播中个人的任何一个表情或肢体动作都可能会被误解，并在误解中持续发酵，最终产生不良的社会影响。

要点综述

发布会按性质可以分为记者招待会、新闻发布会、酒会等多种形式，每种形式各有特点，可根据主题提前研究确定。

一、新闻发布会筹备礼仪

1.确定发布会主题

新闻发布会的主题，指的是新闻发布会的中心议题。主题确定是否得当，往往直接关系到预期目标能否实现。

2.确定发布会时间与地点

发布会的时间选择尤为重要，要避开节日与假日，避开其他单位的新闻发布会，避开新闻界的重点宣传与报道，避开本地的重大社会活动。举行新闻发布会的最佳时间，是周一至周四的上午10点~12点，或是下午的3点~5点。在此时间内，绝大多数人都是方便参会的。而且一次发布会所用的时间，应当限制在两个小时以内。

举行新闻发布会的现场，应交通方便、条件舒适、面积适中，本单位的会议厅、宾馆的多功能厅、当地最有影响的建筑物等，都可酌情选择。

3.确定发布会人员安排

在准备新闻发布会时，主办者一方必须精心做好有关人员的安排工作。按照常规，新闻发布会的主持人应当由主办单位的公关部部长、办公室主任或秘书长担任。新闻发布会的发言人是会议的主角，发言人通常由本单位的主要负责人担任。除了在社会上口碑较好外，与新闻界关系也要较为融洽。此外，还需精选一些本单位的员工，主要负责会议现场的礼仪接待工作。依照惯例，他们最好是由品貌端庄、工作负责、善于交际的年轻女性担任。

在新闻发布会上，代表主办单位出场的主持人、发言人，是主办单位的代言人。因此，主持人、发言人对于自己的外表，尤其是仪容、服饰，一定事先进行认真准备。按照惯例，主持人、发言人要进行必要的化妆，并以化淡妆为主。发型应当庄重而大方，男士宜穿深色西装套装、白色衬衫、黑袜黑鞋，并且打领带，女士则宜穿单色套裙、肉色丝袜、高跟皮鞋。服装须干净、挺括，一般不宜佩戴首饰。在面对媒体时，主持人、发言人都要做到举止自然大方，要面含微笑，目光炯炯，表情放松，坐姿端正。现场发言，话筒在下巴10厘米~20厘米处为好，手的动作最好不要超过自己眼睛（见下图）。

▶ 主持人基本姿态

4.新闻发布会议题准备

在筹备新闻发布会时，主办单位通常需要事先委托专人预备好宣传提纲、发言提纲、问答提纲、辅助材料四个方面的主要材料。另外，在会前或会后，有时也可安排与会者进行一些必要的现场参观或展览、陈列参观。但值得注意的是，这些安排要符合实际，不可弄虚作假或泄露商务秘密。

二、新闻发布会过程中礼仪

在新闻发布会正式举行的过程之中，往往会出现难以预料的情况或变故。要应对这些难题，确保新闻发布会的顺利进行，除了要求主办单位的全体人员齐心协力、密切合作之外，最重要的是要求代表主办单位出面的主持人、发言人要善于沉着应变、把握会议的全局。

在新闻发布会上，主持人、发言人的一言一行都代表着主办单位，因此，必须对自己的发言予以重视。不论主持人还是发言人，都是以办好新闻发布会为宗旨，因此二者之间一定要做到分工明确、彼此支持，有默契，相互配合。

三、新闻发布会结束后礼仪

新闻发布会结束之后，应对照现场所使用的来宾签到簿与来宾名单，核查新闻界人士的到会情况。了解与会者对此次新闻发布会的意见或建议，尽快找出自己的缺陷与不足。统计出与会的新闻界人士中有多少人为此次新闻发布会发表了新闻稿，由此可大致推断出新闻界对本单位的重视程度。

整理保存会议资料是新闻发布会必不可少的后续工作，需要主办单位认真整理、保存新闻发布会的有关资料。这样不仅有助于全面评估会议效果，而且还可为此后举行同一类型的会议提供借鉴。需要整理、保存的有关资料包括会议自身的图文声像资料、新闻媒介有关会议报道的资料两种。另外，在听取了与会者的意见、建议，总结了会议的举办经验，收集、研究了新闻界对于会议的相关报道之后，对于失误、过错或误导，都要主动采取一些必要的对策。尤其是对在新闻发布会之后所出现的不利报道，要注意具体分析，慎重对待。

温馨提示

参加新闻发布会一定要温文尔雅、热情有礼，不能趾高气扬、目中无人。主办方尽量提供更多便利，满足参会者的合理要求。

小贴士　　　女走一条线、男走两条线

媒介公务采访活动，一定要注意走姿的美感。具体来说，就是要抬头挺胸，目视前方，双肩保持水平，双臂自然摆动，双手自然合拢，脚掌用力，重心上提，阔步前行。大家公认的一个原则，即"女走一条线、男走两条线"，是说女士双腿要适当并拢成一条线，男士双腿要适当分开一些，成两条线。有些常见的不得体的走路姿势，如摇晃肩膀，鞋跟触地发出踢踏声，低头含胸，脚步细小凌乱，都不应该出现在采访人员身上。

第十讲　公务传统礼仪

导语： 传统礼仪，作为中华文化的瑰宝，其重要性不言而喻。公务传统礼仪，作为这一文化的重要组成部分，是中华文明素养和道德品质的集中体现。

在公务场合中，遵守传统礼仪，不仅是对他人的敬意，更是对中华文化的珍视与传承。公务人员的言行举止反映着国家的文明程度和道德水准。公务人员通过深入学习并践行传统礼仪，不仅能够提升个人的品质和修养，更能够增强对中华文化的认同感和自豪感。公务传统礼仪还具有传承和弘扬中华优秀文化的功能。它如同一座桥梁，连接着过去与未来，让更多人能够领略到中华文化的独特魅力和深厚内涵。通过遵守和传承公务传统礼仪，我们能够更好地将中华文化推向世界，增强国家的文化软实力。在塑造政府形象、提升公务效率、促进社会和谐等方面，公务传统礼仪同样发挥着重要作用。它能够帮助我们树立良好的政府形象，提升公众对政府的信任度；能够营造和谐的公务氛围，提高公务效率；还能够培养公民的文明素养，推动社会的和谐发展。因此，我们应该高度重视公务传统礼仪的遵守和传承，将其融入日常工作和生活之中。

第一节 拱手礼仪

引言导语

在源远流长的中华传统文化中，礼仪一直占据着举足轻重的地位。它不仅是人与人之间交流的重要桥梁，更是衡量一个人素养和修养的重要标准。在公务活动中，传统的拱手礼仪是不可或缺的一部分。它不仅能够展现公务人员的专业素养和良好形象，还能够促进与他人的和谐交流，提高工作效率。因此，本书将对传统拱手礼仪进行详细介绍和解读，以期帮助公务人员更好地掌握这一礼仪之道。

拱手礼，亦被尊称为捧手礼，其历史源远流长，最早可追溯至遥远的殷商时期。这一古老的礼节，是古人在站立或行走过程中，向他人表达敬意和致意的一种方式。据《礼记·曲礼上》所述："路上偶遇长者，应迅速趋前，端正站立，双手合十拱手以表敬意。"这句话生动地描绘了拱手礼在古时的应用场景。

此外，《论语·微子》中也留下了孔子弟子子路遇见长者时"恭敬站立，双手合十"的记载，这进一步印证了拱手礼在古代社会的普遍性和重要性。

拱手礼的施行方式简洁而庄重，因此在古代被广泛应用于各种重要场合，如拜年、婚礼庆典、生日祝寿、庆功表彰以及亲朋好友之间的相互恭喜祝贺等。这一礼节展现了对他人尊重与敬意的真诚表达。

经典案例

"疏忽拱手礼，错失合作良机"

某市政府为了推动当地经济发展，计划引进一家知名企业进行投资。前期的沟通中，双方都表现了明确的合作意向。为了表达诚意，市政府派出了由张局长带领的考察团前往企业进行考察。张局长一行受到了企业领导的热情接待，两位男士一见面还相谈甚欢。但在考察过程中，由于正值疫情期间，企业总经理又是个非常热爱传统文化的人，所以在接待中多次用拱手礼向张局长行礼。然而，而张局长平时对拱手礼了解甚少，所以在匆忙回礼中，一会儿是左手在上，一会儿又是右手在上，晃来晃去。多次用错拱手礼，这样的行为让企业老总感到非常不悦，认为张局长缺乏基本的礼仪素养和尊重他人的态度。最终，企业领导决定取消与市政府的合作计划，导致市政府错失了一个重要的合作良机。

专家解读

拱手礼不仅男女有别，而且手位不同，代表的含义也不同，有时甚至相反。在上述案例中，张局长因为不了解拱手礼的含义，疏忽了受礼者的感受，几次三番用错拱手礼，不仅没有表达出致谢或祝福等美好含义，反而让对方感到不悦，从而导致合作的失败。这一案例告诉我们，在公务活动中，礼仪的重要性不容忽视。一个小小的拱手礼，不仅能够表达对他人的尊重和敬意，还能够展现自己的专业素养和良好形象。因此，公务人员必须时刻保持警觉，注重礼仪细节，以免因小失大。

要点综述

一、姿势与含义

拱手礼的执行方式有吉凶之别。在吉庆的场合（如祭祀、婚礼、冠礼、宴会及日常问候等），男性行拱手礼时，右手置于左手之下，左手则显露在外。这是因为在战斗中，人们通常使用右手，因此左手在外表示无攻击之意，展现了对对方的真诚与尊重。而女性行此礼时，左手在内，右手在外。在哀悼的场合，则与吉庆场合相反，男子右手在外，女子左手在外。若颠倒此顺序，会被视为极度不敬。这种区别源于古代对阴阳、男女的理解，左为阳，男为阳，故尚左；右为阴，女为阴，故尚右。拱手礼要求身体直立，双脚并拢或稍分，双手在胸前合抱，左手握右手，寓意为以左手抱右手，表示真诚与恭敬。同时，双手要自然下垂，不要过于紧张或僵硬。

二、表情与神态

在行拱手礼时，应保持微笑和友善的表情。微笑能够传递出友好和亲切的信息，让对方感受到你的尊重和欢迎。同时，友善的表情也能够营造出一种轻松和谐的氛围，有助于促进双方的交流和合作。

三、场合的要求

拱手礼适用于各种正式场合和社交场合。在公务活动中，如会议、接待、拜访等场合，都可以使用拱手礼来表示对他人的尊重和敬意。同时，在参加宴会、庆典等社交场合时，也可以使用拱手礼来表达自己的喜悦和祝福。

四、坐时的行礼

在某些情况下，即使坐着也可以向他人行拱手礼。如果因故无法站立，当对方行礼时，可以坐着回以拱手礼。

五、顺序的要求

在行拱手礼时，应遵循一定的顺序。一般来说，应先对长辈或领导行拱手礼，再对平辈或同事行拱手礼。如果有多位长辈或领导在场时，应按照他们的职位或年龄顺序依次行拱手礼。

六、个体与群体

传统的拱手礼既适用于向个体行礼，也适用于向群体行礼。行礼时的身体姿态需根据现场情况和对方的身份地位进行调整。对个体行礼时，目光应注视对方，双手轻轻晃动；对群体行礼时，则应随着手势的转动，面向周围之人，对每个方向的人均可晃动两三次手势。

七、注意事项

在行拱手礼时，应注意以下几点：一是双手要合十于胸前，不要过于松散或过于紧密；二是手掌要向内微曲，掌心向上，不要向外翻或向下垂；三是表情要友善和微笑，不要过于严肃或冷漠；四是要注意场合和顺序的要求，不要随意行事。同时，要注意自己的仪态和穿着打扮，要与场合相符，要整洁得体。

温馨提示

对于公务人员来说,掌握和运用好拱手礼是一项非常重要的技能。在公务活动中,我们应该时刻保持警觉和谦逊的态度,注重与他人的沟通和交流。同时,我们还应该加强对礼仪知识的学习和掌握,不断提高自己的专业素养和良好形象。在行拱手礼时,我们应该注意姿势、表情、场合、顺序等要求,以展现出最好的自己。通过不断地学习和实践,我们一定能够成为一位真正懂得礼仪、尊重他人的优秀公务人员。传统拱手礼仪,是公务人员必学的礼仪之道。

> **小贴士　　　　　见面礼仪**
>
> 见面礼仪是传统文化的重要组成部分,它彰显着对他人的尊重和友善。当我们遇到长辈或贵宾时,主动上前问候并鞠躬或作揖,是表达敬意的方式。而在称呼对方时,使用适当的称谓,如"先生""女士""老师"等,更是对对方地位的认可和尊重。
>
> 在交谈过程中,不仅要注意自己的语气和态度,保持平和、友善和尊重,还要关注对方的反应,及时调整自己的交流方式。避免使用过于随便或冒犯性的语言,以免给他人带来不适。
>
> 同时,也要学会倾听,给予对方足够的关注和尊重。当交谈结束时,向对方道别并感谢对方的陪伴和交流,是对这次会面的珍视和尊重。这些细节都体现了礼貌和修养,让我们在人际交往中更加得心应手。

第二节　鞠躬礼仪

引言导语

鞠躬礼起源于中国，"鞠躬"这个词语最早出现在先秦时期。《论语·乡党》记载孔子"入公门，鞠躬如也"。鞠躬就是曲身，因为进入公门需要恭敬，所以孔子进门时以躬身来表示恭敬。在商代的还有祭天仪式"鞠祭"。在这种仪式中，祭品如猪、牛、羊等被整体弯卷成圆的鞠形，再摆放到祭处进行奉祭，以此表达祭祀者的恭敬与虔诚。这种习俗逐渐演化为人们现实生活中表达对地位崇高者或长辈的崇敬之情的方式，从而形成了鞠躬礼。鞠躬礼仪作为中华礼仪文化的重要组成部分，在公务活动中具有举足轻重的地位，它能够促进人与人之间的和谐交流，增强彼此之间的信任和尊重。在公务交往中，鞠躬礼仪不仅是一种传统的礼节形式，一种传递尊重、展示修养的艺术，更是一种中华文化传承，对于公务人员而言，掌握鞠躬礼仪的重要性不言而喻。

经典案例

礼仪疏忽，影响国际形象

某高校在一次国际文化交流活动中，学校选派一位外语好的老师负责接待来自某国的贵宾。在迎接客人时，客人首先来了一个鞠躬礼表示对学校的接待的感谢，但该接待老师因对鞠躬礼仪掌握不够熟练，导致自己鞠躬时不仅速度过快、左顾右盼，还目光闪烁，显得慌里慌张，给在场的其他人员留下了不太好的印象。

在后续的接待过程中，这位老师还因缺乏对国际礼仪的了解，在言行举止上显得过于随意，引起了其他老师的纷纷议论，觉得这样的接待人员不仅会影响学校的接待水平，也会影响学校的国际形象。

专家解读

鞠躬礼仪并非简单的弯腰动作，而是包含了姿势、表情、神态等多方面的要求。在鞠躬时，要保持身体的平衡和稳定，双手自然下垂或交叉放在腹前，同时要注意鞠躬的深浅和速度控制得当。此外，在鞠躬时还要保持微笑和友善的表情，眼神要真诚地注视对方或注视前方。建议公务人员应加强对鞠躬礼仪的学习和训练，提高自己的礼仪素养和文化敏感性。同时，在接待外宾或参加国际会议时，应提前了解并遵守相关国际礼仪规范，以避免因礼仪不当而引发误会。

要点综述

一、身体与姿势

女士在准备鞠躬时，应以优雅的立正姿势站定，脚跟并拢，脚尖微微分开，形成一个约15度的自然角度。这样的站姿既显得端庄，又不失女性的柔美。而男士则应以双脚略微分开，平行站立的方式展现其稳重的形象。无论是女士还是男士，都需保持身体立正，目光平视，嘴角微微上扬，以自然的微笑面对受礼者，传递出友善与尊重。

二、手位与摆放

在手的摆放上，男士通常会将双手自然贴放于身体两侧的裤线处，这样的姿势显得既得体又大方。而女士则应将双手下垂搭放于腹前，右手轻轻地搭在左手上，呈现出一种优雅而又不失庄重的姿态。这种"握手式"的摆放方式，既体现了女性的温婉，又凸显了其对礼仪的尊重。

三、多部位配合

以腰部为轴心，腰、背、颈、头需呈一条直线，身体缓缓向前倾斜。在这个过程中，随着身体的前倾，双手也逐渐向下移动，朝向膝盖方向自然下垂。同时，视线也随之自然下垂，以表示对受礼者的尊重与谦恭。身体弯曲到合适的位置后，应停留片刻，让这一礼节得以充分展现。随后，再缓缓恢复原状，完成整个鞠躬过程。

四、呼吸的配合

鞠躬时还需配合呼吸。在低头鞠躬时，应轻轻吐气，以示对受礼者的敬意。而在起身前，应屏住呼吸，略作停顿，这样的动作不仅显得稳重，更能体现出对礼节的尊重。起身时，再轻轻吸气，使整个动作更加流畅自然。

五、目光与表情

目光的注视也是鞠躬礼中不可或缺的一环。在完成鞠躬后，应抬起头来，与受礼者进行眼神接触。这样的目光交流，不仅能让双方感受到彼此的尊重与敬意，更能加深彼此之间的情感联系。在行鞠躬礼时，应当表情温和。鞠躬是严肃的礼仪，因此嘴里不能吃着东西或叼着香烟，这是很不严肃的举止。这些细节的注意，不仅能让我们的鞠躬礼更加规范得体，更能展现出我们对对方的尊重与重视。

六、注意细节

在行鞠躬礼时，有一些细节需要我们特别注意。首先，脖子不可伸得太长，也不可挺出下颌，耳和肩应保持在同一高度，以展现出一种庄重而又不失优雅的姿态。其次，目光要朝前，随着身子的前倾下弯而向下。鞠躬时目光应向下看，表示一种谦恭的态度，切不可在鞠躬时试图翻起眼睛看对方，这样会显得不礼貌。

七、不同角度的含义

在中国古代传统拜揖礼中，身体的弯曲程度往往代表着对对方的恭敬程度，这种传统一直延续到现在。根据曲身程度的不同，鞠躬礼可分为15度左右的鞠躬礼、30度左右的鞠躬礼以及90度左右的鞠躬礼。大家在应用中可以根据具体场合和不同含义自行选择。

15度的鞠躬礼。15度左右的鞠躬礼主要适用于一般场合。在同事、熟人之间早晚见面时，或者擦肩而过略表示意时，均可采用这种鞠躬礼。此外，平辈之间或者尊长对晚辈的回礼，也可采用这种鞠躬礼。这种鞠躬礼既简单又实用，能够很好地表达出对对方的尊重与敬意。

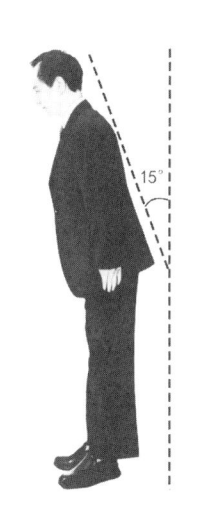

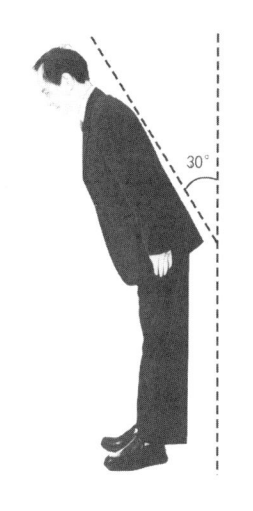

▶ 15度的鞠躬礼　　▶ 30度的鞠躬礼

30度的鞠躬礼。30度左右的鞠躬礼则通常适用于正式社交场合和工作场合中的接待、服务。在见到上级领导、迎送客人、接待长辈等场合，均可采用这种鞠躬礼。这种鞠躬礼的躬身程度适中，既能体现出对对方的尊重与敬意，又不会显得过于夸张或烦琐。在鞠躬时停顿时间为2~3秒左右，让这一礼节得以充分展现。

90度的鞠躬礼。90度左右的鞠躬礼则主要适用于特殊的社交场合。在深度道歉或者致哀时使用此礼节能够表达出对对方的深深歉意与哀思。此外，在祭祀、婚礼等场合或向身份地位极高者致敬时也可采用此礼节。古人讲"礼成于三"，90度三鞠躬是一种规格较高的礼仪。男士的双手自然下垂贴放于身体两侧裤线处；女士的双手下垂搭放在腹前，右手在上，左手在下。身体上部向前下弯约90度，然后恢复原样，如此三次。这种鞠躬礼庄重而严肃，能够充分体现出对对方的尊重与敬意。

虽然鞠躬礼仪在理论上有度数之分，但在实际应用中，除了一些特定的职业有具体要求外，一般工作岗位也不必担心做得是否准确，掌握大致的角度即可。

八、应用场合

鞠躬礼在现代生活中有着广泛的应用场景。在国内主要适用于向他人表示感谢、领奖、讲演前后、演员谢幕、举行婚礼或参加追悼活动等场合。在这些场合中，鞠躬礼不仅能够表达出对对方的尊重与敬意，还能营造出一种庄重而严肃的氛围让人们更加珍视这些特殊的时刻。此外，在晚辈见长辈、学生见老师、演讲者对听众、表演者对观众等情况下一般也是采用一鞠躬的方式表达敬意。而在正式社交场合中，鞠躬礼则是向他人表示敬重的一种郑重礼节，常用于下级对上级、服务人员对宾客的欢迎环节等场合。朋友初次见面、同志之间、宾主之间、下级对上级及晚辈对长辈等都可以鞠躬行礼表达对对方的尊敬。

温馨提示

在行鞠躬礼时我们还需要注意一些细节问题。首先身份地位较低的人要先行鞠躬礼并且躬身程度要相对深一些，以示对对方的尊重。其次在遇到对方行鞠躬礼时，一般还以鞠躬礼以示回应。但是上级或长者还礼时可以欠身点头或在欠身点头的同时伸出右手答之，不必以鞠躬还礼。这样的回应方式既显得得体又能够体现出对礼仪的尊重与重视。

第三节 合十礼

引言导语

合十礼，作为一种源自佛教文化而又广泛传播于多个国家和地区的礼仪形式，其背后蕴含着深厚的文化底蕴和尊重、谦和的精神内涵。对于公务人员而言，掌握并恰当运用合十礼，不仅能够展现个人的文化素养和礼仪修养，更能在公务活动中传递出和谐、友善的信号，促进国际交往合作和良好互动。

经典案例

误解合十礼，引发误会

某市外事部门李主任在一次接待外国友人活动中，因对合十礼的文化内涵理解不够深入，导致了一场不必要的误会。

李主任在欢迎仪式上，看到外国友人行合十礼，出于礼貌和回应，他也尝试行合十礼。然而，由于他对合十礼的具体手势和高度要求不够了解，导致他的合十礼显得不够标准，甚至有些随意。更为严重的是，在随后的交流过程中，李主任误将合十礼视为简单的握手礼的替代，多次主动向外国友人伸出右手欲行握手礼，而对方则坚持行合十礼，双方因此产生了微妙的尴尬和误解。

专家解读

合十礼作为一种国际通用的礼仪形式，其手势、高度和态度都有着严格的要求。在公务活动中，公务人员应当充分了解并尊重不同文化背景下的礼仪习惯，避免因误解或疏忽而引发不必要的误会或冲突。

公务人员在行合十礼时，应当注意尊重交往者的文化、姿势要规范等问题，展现出对他人真诚、友善和尊重的态度。合十礼所蕴含的文化内涵十分丰富，它体现了东方文化的和谐与包容精神，展现了人们对和平、友善和尊重的追求。同时，合十礼也反映了东南亚国家特有的社会风尚和民族性格，成为了连接不同民族和文化的桥梁。

要点综述

一、起源与传承

合十礼起源于古印度，后随佛教传入东南亚各国以及我国傣族聚居区。经过漫长的历史演变，合十礼逐渐成为一种普遍的社交礼节，并在不同国家和地区形成了各具特色的表现形式。

二、文化内涵

合十礼体现了东方文化的和谐与包容精神，展现了人们对和平、友善和尊重的追求。同时，它也反映了东南亚国家特有的社会风俗和民族性格。我们现在用此礼节一般是对他人表示问候、敬意、祝贺、感谢或请求宽恕、道歉。

三、应用场合

合十礼在一些特定场合和日常生活中都有广泛应用。它成为人们表达敬意和尊重的重要方式。但公务人员在使用这一礼节时一定要分清场合，在一般公务活动中慎重使用。

当别人向自己行合十礼时，自己则以合十礼回敬，这样才不会失礼。在缓步行进中，对他人亦可施行此礼。

四、行礼方式

合十礼要求双手合十，置于胸前，掌心相对，指尖朝上，微微低头以示敬意。在行礼时，要注意保持身体端正、目光平视或微微低头以示恭敬。行合十礼时，晚辈需先向长辈行礼，身份、地位低者先向身份、地位高者行礼，对方随后据情况而回礼，也可以点头或微笑回应。

温馨提示

1.尊重文化差异。在了解和学习合十礼时，要尊重不同国家和地区的文化差异和习俗。在行合十礼时，要注意避免触犯当地的文化禁忌或习俗。

2.注重礼仪细节。在行合十礼时，要注意礼仪细节和规范。例如，要保持身体端正、双手合十位置正确、目光平视或微微低头等。这些细节不仅能够体现一个人的礼仪素养和文化修养，还能够更好地传达出对对方的敬意和尊重。

3.学会灵活运用。虽然合十礼在不同国家和地区有不同的表现形式和规定，但我们可以根据具体情况灵活运用。在与其他国家或地区的人民交往时，可以根据当地的习俗和规定适当地调整自己的行礼方式。

4.传播文化价值。作为一种具有深厚文化内涵的礼节，合十礼不仅体现了人与人之间的尊重与敬意，更传递了和平、友善和包容的文化价值。我们应该积极传播这种文化价值，让更多的人了解和认识合十礼的魅力所在。

> **小贴士　　　　　茶道礼仪**
>
> 茶道，作为中国传统文化中的瑰宝，品茶时自然需遵循相应的礼仪。
>
> 品茶前，我们首先要洗净双手，整理仪容，以示对茶文化的深深敬意。其次，泡茶的过程同样充满仪式感。我们需按照"洗茶、泡茶、倒茶"的顺序进行，精准掌握水温，注意茶叶的用量，确保每一杯茶都能达到最佳口感。
>
> 品茶时，使用专用的茶具是不可或缺的。茶杯、茶盘等器具不仅增添了品茶的乐趣，更是对茶文化的尊重。在品茶的过程中，我们要保持姿势的端正，动作的优雅，轻轻吹动茶水，欣赏茶叶在杯中的舞动，如同欣赏一幅流动的山水画。同时，避免大声喧哗或发出不雅的声音，保持品茶环境的宁静与和谐。
>
> 同时，倾听主人的介绍和讲解也是茶道礼仪中非常重要的一环。通过主人的讲解，我们可以更深入地了解茶文化的内涵和精髓，感受其中蕴含的深厚文化底蕴，认真倾听，也是对主人的尊重和接待的感谢。

第四节 传统婚嫁礼仪

引言导语

中国传统婚嫁礼仪,作为华夏文明的重要组成部分,承载着深厚的文化内涵和历史底蕴。从媒妁之言、父母之命,到十里红妆、凤冠霞帔,每一步流程都透露出古人对婚姻的敬畏与祝福。"有情人终成眷属"是每一对新人最美好的期许。在中国传统婚嫁礼仪中,从相识、相知到相爱、相守,每一步都充满了诗意与浪漫。随着中华传统文化的复兴,中国传统礼仪再次掀起热潮,得到年轻人的热捧,还有所创新,让这一传统婚嫁礼仪得到了传承和发展。

经典案例

传统婚礼焕新姿

在湖南的一个小村庄里,一场别开生面的传统婚礼正在举行。这对新人的婚礼,不再是单一的红色主调,婚礼现场巧妙地融入了当地的山水元素和民间手工艺,如蓝印花布和竹编装饰,使整个场地显得既古朴又充满新意。

新人穿着经过现代设计的传统婚服,既保留了传统韵味,又增添了新鲜感和时尚感。婚礼仪式上,除了传统的拜堂和敬酒外,还融入了当地的歌舞表演,使婚礼氛围更加活泼和欢快,得到了亲朋好友的称赞。

专家解读

中国传统婚嫁礼仪体现了古人对婚姻的高度重视和美好祝愿。通过一系列烦琐而庄重的仪式,不仅表达了双方家庭的诚意和祝福,也寓意着新人将共同开启一段美满的婚姻生活。中国传统婚礼在强调家风传承方面具有重要意义和现代价值。通过举办传统婚礼,可以传承和弘扬家风、强化家庭认同、培育新婚夫妇的家风意识和责任担当意识。这些都有助于促进家庭和谐、推动社会文明进步、构建和谐社会。

这场婚礼是对传统婚礼文化的创新与传承。它展示了如何将传统文化与现代审美相结合，让传统婚礼焕发出新的活力。这不仅是对新人的祝福，更是对传统文化的尊重与传承。这场婚礼的成功举办，不仅让当地村民感受到了传统文化的魅力，也为传统婚礼的创新发展提供了有益的借鉴。

要点综述
一、中国传统婚礼重要性
1.文化传承

传统婚礼不仅是一个喜庆的仪式，更是中华文化的载体。通过婚礼的各个环节，如拜堂、敬茶、闹洞房等，我们能够直观地感受到中国文化的深厚底蕴，从而更加珍视和传承这份宝贵的文化遗产。

2.家庭认同

传统婚礼象征着两个家庭的正式结合，是对新婚夫妇及其家庭的正式认可和祝福。婚礼上，新人们通过一系列的仪式，如交换戒指、共饮交杯酒等，表达了对彼此及对家庭的承诺和忠诚，也标志着他们即将承担起家庭责任，共同面对未来的生活。

3.教育意义

传统婚礼的仪式和习俗往往蕴含着深刻的教育意义。例如，敬茶环节强调了晚辈对长辈的尊敬和孝顺，这有助于培养新婚夫妇的家庭责任感和道德观念。同时，婚礼也是传承家族文化和价值观的重要场所，通过长辈的言传身教，新婚夫妇能够更好地理解和践行家庭责任。

4.强化家庭责任

在传统婚礼中，新婚夫妇需要向双方父母及长辈敬茶、磕头，这不仅是一种仪式，更是一种对家庭责任的强调和承诺。这一环节让新婚夫妇意识到，他们即将成为家庭的重要支柱，需要承担起照顾父母、抚养子女、维护家庭和谐等责任。这种责任感将伴随他们一生，成为他们为人处世的重要准则。

5.提供情感支持

婚姻为人们提供了情感支持和精神寄托，而传统婚礼就是最好的见证仪式。在现代社会，人们面临着各种压力和挑战，婚姻为人们提供了一个相互扶持、共同面对困难的港湾。这种情感支持对于个人的心理健康和幸福感具有重要意义。

二、中国传统婚礼现代意义

1.家风传承与现代价值

在现代社会，家风传承仍然具有重要的现代价值。传统婚礼作为家风传承的重要场合，为家族成员提供了共同传承和弘扬家风的机会。通过参与和举办传统婚礼，家族成员可以更加深入地了解和认识家风的价值和意义，从而在日常生活中践行家风、传承家风。

2.家风弘扬与社会和谐

传统婚礼不仅是家族内部的活动，更是社会文化的重要组成部分。通过举办传统婚礼，可以弘扬家风、传承家族文化，为社会的和谐发展贡献力量。同时，传统婚礼也是社会传递正能量、弘扬家庭美德的重要平台，有助于推动社会文明进步、构建和谐社会。

3.家风责任与现代担当

在传统婚礼中，新婚夫妇不仅是对彼此的承诺和认可，更是对家族和社会的责任和担当。他们需要通过自己的努力和奋斗，为家族争光、为社会作出贡献。这种家风责任意识和现代担当意识的培养，有助于新婚夫妇在未来的生活中更加努力地工作、积极地生活，为家庭和社会创造更多的价值。

4.家风培养与家风强化

传统婚礼是家庭对新婚夫妇的正式认可和祝福，也是家风得以强化和巩固的时机。在婚礼上，家族成员通过共同的仪式和习俗，共同见证和祝福新人的结合，同时也传递了家族的期望和家风的要求。这种家庭认同和家风强化有助于新婚夫妇更好地融入家庭，承担起家庭责任。通过参与婚礼的各个环节，新婚夫妇可以学习到家族的传统美德、价值观念和道德规范，从而形成良好的家风。这种家风培育有助于新婚夫妇在未来的生活中以家庭为重，注重家庭和睦、尊老爱幼、诚实守信等美德的践行。

三、中国传统婚礼流程

1.提亲。提亲是男方家庭向女方家庭表达求婚意愿，开启婚姻的第一步。

2.纳采。纳采是男方家庭会精心挑选礼物，送到女方家中，以此展现对女方家庭的尊重和诚意。这一环节不仅体现了男方对女方的重视，也象征着双方家庭对婚姻的共同认可和期待。

3.问名。问名是一个重要的环节，男方家庭会向女方家庭询问女方的姓名、生辰等信息，然后请专门的占卜师进行占卜，以确定婚姻的吉凶。这一环节虽然带有一定的封建迷信色彩，但也体现了人们对婚姻美好、吉祥的祝愿。

4.纳吉。纳吉，也称纳征，是男方家庭向女方家庭报喜并赠送聘礼的重要步骤。男方家庭会按照礼数准备聘礼，送到女方家中，以此正式确定双方的婚姻关系。这一环节不仅是物质上的交流，更是双方家庭情感上的融合。

5.请期。请期是男方家庭选定结婚吉日，并告知女方家庭的过程。这个吉日通常是根据双方生辰八字、黄历等因素综合考虑得出的，寓意着婚姻的美好和顺利。

6.亲迎。男方及亲朋会亲自到女方家中迎娶新娘，这一环节充满了喜庆和欢乐的氛围。新娘在男方和亲朋好友的陪伴下，离开自己的家庭，前往男方家庭，开始新的生活。当然，亲迎时往往也会有一个盛大的婚宴，众多亲朋欢聚一堂，将所有的欢乐尽情释放，整个婚嫁过程至此圆满结束。亲迎是整个婚嫁过程的高潮，象征着两人将携手共度一生，共同面对未来的挑战和幸福。

四、传统婚礼中民俗特色体现

1.地域差异

由于中国地域辽阔、民族众多，不同地区的婚嫁礼仪各具特色。婚嫁礼仪因地域而异，各具特色。北方的婚礼往往热烈而豪放，红色的灯笼高高挂起，锣鼓喧天，舞龙舞狮的表演让现场气氛达到高潮。这种热烈的氛围，不仅是对新人的祝福，更是对家族兴旺、子孙满堂的美好期盼。而在南方，婚礼则更加温婉细腻。新娘身着精美的嫁衣，头戴凤冠霞帔，手捧鲜花，在亲人的陪伴下缓缓步入婚姻的殿堂。婚礼上，人们会吟唱祝福的诗歌，弹奏动听的乐曲，为新人送上最真挚的祝福。这种温婉与细腻，不仅体现了南方人民对美的追求，更展现了他们对家庭、亲情的珍视。

2.民俗习惯

由于地域的差异，各地婚嫁礼仪中融入了许多当地的民俗习惯和文化元素，使婚礼更加丰富多彩。除了人们熟知的"闹洞房"外，在一些少数民族地区，婚礼上会有独特的歌舞表演，如藏族的锅庄舞、傣族的孔雀舞等。这些舞蹈不仅展现了当地人的艺术才华，更传递了人们对美好生活的向往与追求。同时，一些地区还会有特殊的婚礼仪式，如"哭嫁""抢亲"等，这些仪式虽然形式各异，但都体现了当地人对婚姻、家庭和亲情的重视，增添了婚礼的喜庆氛围，更是对新人未来生活的祝福与期望，传递着中华民族的传统美德与价值观，传承着中华民族的优秀传统，让新人在喜庆的氛围中感受到家的温暖与幸福。

温馨提示

1.尊重传统。珍惜并传承这一传统文化瑰宝，让其在现代社会中焕发新的光彩。

2.融入现代元素。在保持传统特色的基础上，可以适当融入现代元素和创新理念，让婚礼更加符合现代人的审美和需求，但要符合国家相关政策法规。

3.文明节俭。注重文明节俭、反对铺张浪费，让婚礼更加绿色、低碳和环保。

4.尊重个性。尊重每个人的个性和需求，让婚礼更加符合新人的意愿和风格。

> **小贴士**
>
> ### 送礼的艺术
>
> 送礼，被视为是一种表达情感和尊重的传统方式。所以，在挑选礼物时，应当深思熟虑，确保所选的礼物能够体现出对收礼人的关心和理解。首先考虑到对方的年龄、性别、兴趣、生活方式及场合，比如，日常送礼可以选择一本好书、一件精美的手工艺品，或者是一套实用的家居用品等。在年节送礼可选择和节日相匹配的礼物，如端午节送粽子、中秋节送月饼等。
>
> 其次，礼物的包装也是送礼过程中不可忽视的一环。精美的包装不仅可以提升礼物的价值感，更能体现出我们的用心和诚意。同时，送礼的场合和方式也需慎重考虑，避免在不适宜的场合或用不恰当的方式给对方带来尴尬。
>
> 最后，当我们把礼物送到对方手中时，别忘了附上一张温馨的贺卡，这样不仅能表达我们的祝福和感激，还能体现一定的文化内涵。这样，我们的礼物不仅能给对方带来惊喜和喜悦，更能加深我们之间的友谊和感情。

第五节 吊唁礼仪

引言导语

在公务活动中,也会遇到吊唁逝者的活动。吊唁是一种表达对逝者哀悼和敬意的重要方式。它不仅体现了对逝者的尊重,也体现了公务礼仪的庄重与严谨。现代社会,吊唁仪式相比传统的丧葬吊唁形式已经大大简化,但对逝者的追思与尊重的宗旨是一致的。所以,公务人员仍遵循相应的礼仪规范,不仅是对逝者的最好纪念,也是对逝者家属的安慰与支持。

经典案例

吊唁失当引反感

在某政府机关一位资深公务员去世后,单位离退休办公室组织了一场吊唁活动。然而,这场活动却因组织者的疏忽和不当处理而引发了争议。活动现场布置得较为随意,没有体现出应有的庄重和尊重。部分参加吊唁的人员着装不整,甚至有说笑行为,完全无视逝者和家属的感受。在致辞环节,主持人更是轻率地提及逝者的一些私事,引起了家属、亲朋和在场参加悼念活动者的尴尬,甚至是反感。

专家解读

公务吊唁活动的目的是表达对逝者的哀悼和敬意,同时也是对逝者家属的关怀和安慰。因此,在组织吊唁活动时,必须要充分考虑到逝者家属的感受,遵循礼仪规范,确保活动的庄重和有序。同时,也要注重逝者隐私的保护,避免在公共场合提及不当信息。这场吊唁活动的失当之处主要体现在以下几个方面。

一是对逝者和家属的尊重不足。吊唁活动本应是庄重、肃穆的场合,但现场布置随意、人员行为轻率,无疑是对逝者和家属的不尊重。二是缺乏礼仪规范意识。在公务吊唁活动中,应遵循相应的礼仪规范,包括着装、言辞和举止等。然而，这场活动完全忽略了这些规范，导致了现场的混乱和失序。三是对逝者隐私的保护不当。在致辞中提及逝者私事，不仅是对逝者隐私的侵犯，也是对家属情感的伤害。

要点综述

一、吊唁礼仪原则

1.尊重逝者。在吊唁活动中，应充分表达对逝者的哀悼和敬意。无论是仪式流程、现场布置还是致辞内容，都应体现出对逝者的尊重和缅怀之情。

2.关怀家属。在吊唁过程中，应关注逝者家属的感受和需求。慰问家属时，要注意照顾家属的情绪。通过慰问、关怀和提供帮助等方式，为家属减轻悲痛和负担。同时，还应尊重家属的意愿和选择，确保吊唁活动的顺利进行。

3.遵守规范。在公务吊唁中，应遵循相应的礼仪规范。从接待、签到、致辞到送别等环节，都应按照规定的程序进行。这不仅可以确保吊唁活动的有序进行，还可以展示公务礼仪的庄重与严谨。

二、吊唁者形象要求

1.着装得体。参加吊唁活动的人员应穿着整洁、庄重的服装，一般应着黑色，避免穿着过于鲜艳或随意的服装，以表达对逝者的尊重。

2.言辞恰当。在吊唁活动中，应使用恰当的语言表达哀悼之情，避免使用过于轻率或不当的言辞。吊唁者可以同逝者主要亲属简短交流，说一些劝慰的话语，如"请多保重""望您节哀""要注意身体"等，避免提及一些不合时宜的话题，不宜询问逝者死因，尤其是非正常去世者。

3.举止庄重。在吊唁活动现场，应保持庄重的举止和态度，避免嬉皮笑脸、打打闹闹等行为。与逝者家属交谈时，应走近前，做到轻声低语，避免大声喧哗，以表达对逝者的哀思。

三、吊唁活动安排

1.提前准备。在吊唁活动前，应提前了解逝者的生平事迹、贡献和成就等信息，以便在吊唁活动中表达恰当的哀悼之情。同时，还应发布讣告，准备好相应的吊唁用品和设施，如鲜花、挽联、签到台及追悼会等事项。

2.安排流程。在吊唁活动中，应合理安排流程和时间。从接待、签到、致辞到送别等环节，都应按照规定的程序进行。同时，还应预留足够的时间供家属和亲友表达哀悼之情。

3.表达哀悼。在吊唁活动中，应充分表达对逝者的哀悼和敬意。无论是致辞内容还是现场布置，都应体现出对逝者的尊重和缅怀之情。同时，还应关注家属的感受和需求，提供必要的帮助和支持。

4.遵守规范。在公务吊唁中，应遵循相应的礼仪规范。从着装、言辞到举止等方面，都应符合公务礼仪的要求。这不仅可以确保吊唁活动的有序进行，还可以展示公务礼仪的庄重与严谨。

温馨提示

在参与公务吊唁活动时，除了遵循上述要点外，还应注意以下问题。

1.尊重家属意愿。在吊唁过程中，应尊重家属的意愿和选择。如家属不愿意接受某些形式的慰问或帮助，应尊重其选择并避免强行介入。

2.关注安全事项。在吊唁活动中，应关注安全事项。遇突发事件，有人晕倒或悲伤过度时，组织者应保持冷静，尽快安排人员将其带离现场，避免影响整个悼念活动。

3.尽快离开现场。吊唁活动结束后，参加人员应尽快离开现场，避免扎堆聊天或议论逝者。

4.尊重逝者隐私。在吊唁活动中，应尊重逝者的隐私，避免在社交媒体或其他公共场合发布关于逝者的不当言论或照片等信息。

> **小贴士　　尊重地域和文化习俗**
>
> 在参与吊唁活动时，若遇到不熟悉的地域或文化特定的习俗，应事先做一些功课。例如，在东方文化中，白色和黄色的花朵常被视为哀悼的象征，尤其是菊花和百合，它们常被用来表达对逝者的思念与敬意。而在某些少数民族的吊唁仪式中，人们可能会携带当地特有的食物或饮品，如糯米饭或米酒，这些食物不仅是对逝者的缅怀，也寓意着对家属的慰问与关怀。
>
> 在参加吊唁活动时，可以根据了解到的习俗，精心挑选合适的礼物或鲜花，以表达对逝者的哀思与尊重。同时，在吊唁过程中，保持谦逊与敏感，尊重并遵循当地的文化传统，这将使您的吊唁之行更加得体而有意义。

第十一讲　公务人员社交与家庭礼仪

导语: 公务人员作为社会公共服务的执行者与管理者，其社交与家庭礼仪的重要性不言而喻。在社交场合，公务人员代表政府的形象与公信力，良好的社交礼仪不仅能够展现公务人员个人修养与风度，更能促进政府与民众之间的有效沟通与信任。所以，要求公务人员在交往中保持谦逊有礼、尊重他人、真诚待人的态度，以专业的形象和得体的言行赢得公众的认可与尊重。

而家庭作为个人成长的摇篮，其礼仪教育同样至关重要。家庭礼仪不仅关乎家庭成员间的和谐相处，更影响着公务人员个人品德与价值观的形成。一个注重家庭礼仪的家庭，能够培养出有责任感、懂尊重、善沟通的公务人员，使他们在工作中能够更好地服务民众，处理复杂的社会关系。同时，良好的家庭礼仪还能增强家庭成员间的凝聚力与幸福感，为公务人员提供坚实的后盾与支持。

因此，公务人员应当高度重视社交与家庭礼仪的学习与实践，不断提升自身修养与素质，以更加专业、亲和的形象服务于社会，同时也在家庭中营造温馨和谐的氛围，为构建和谐社会贡献自己的力量。

第一节 公务人员社交与家庭礼仪

引言导语

在现今社会，公务人员作为政府形象的代表，其言行举止不仅关乎个人形象，更直接关系到政府的公信力和社会的和谐稳定。因此，掌握和遵守社交与家庭礼仪，对于公务人员来说显得尤为重要。我们将从多个角度探讨公务人员社交与家庭礼仪的重要性，以期引起广大公务人员的重视和反思。

经典案例

酒后失态惹争议

某市一名领导干部，在参加一次社交活动时，因酒后失态，与在场人员发生争执，甚至动手打了人。此事被媒体曝光后，引起了社会的广泛关注和议论。该干部的行为不仅严重损害了个人形象，自己也受到了处分，更是对政府形象造成了恶劣影响。这一事件，公务人员应该进行深刻反思，吸取教训，以免因小失大。

专家解读

公务人员的社交与家庭礼仪不仅关乎个人形象和政府形象，更关乎社会的和谐稳定。在社交场合中，公务人员应当遵守社会公德和职业道德，不参与低俗、恶俗的活动，不传播不实信息，不发表不当言论。在家庭生活中，公务人员应当注重家庭教育和家风建设，传承和弘扬中华优秀传统文化，为下一代树立正确的价值观和人生观。

上述案例中，该领导干部在参加社交活动时行为显然很不恰当，公务人员的社交礼仪是展示政府形象、传递政府声音的重要窗口。在社交场合，公务人员更应当时刻保持谦逊、礼貌、得体的态度，尊重他人、尊重自己，规范自己的言行，以树立良好的个人形象和政府形象。同时，公务人员还应注重家庭礼仪，做到家庭和睦、尊老爱幼、夫妻和谐，以树立良好的家风家教，为社会树立榜样。

要点综述

公务人员社交与家庭礼仪的重要性主要体现在以下几个方面。

一、公务人员社交与家庭礼仪的价值

1. 塑造良好形象

公务人员的社交与家庭礼仪是其个人形象的直接体现。一个注重礼仪的公务人员，不仅能够赢得他人的尊重和信任，还能够为政府树立良好的形象。

2. 传递正面价值

公务人员的言行举止对社会具有示范和引领作用。因此，公务人员应当通过遵守和规范社交与家庭礼仪，传递出积极、正面的价值观，为社会的和谐与稳定作出贡献。

3. 增强职业素养

社交与家庭礼仪是公务人员职业素养的重要组成部分。一个具备良好礼仪素养的公务人员，能够更好地履行职责、服务群众。

4. 促进家庭和谐

家庭是社会的细胞，家庭和谐是社会和谐的基础。公务人员注重社交与家庭礼仪，能够促进家庭和睦、增进亲情，为社会的和谐稳定打下坚实基础。

二、提升公务人员社交与家庭礼仪素养的方法

1. 加强学习

公务人员应当加强礼仪文化的学习，了解社交与家庭礼仪的基本规范和要求，不断提高自己的礼仪素养。

2. 注重实践

知识只有通过实践才能转化为能力和应用。公务人员应当在日常生活和工作中注重实践礼仪规范，将所学知识运用到工作和生活中去。

3. 树立榜样

公务人员应当以身作则，树立良好的榜样。在社交场合和家庭生活

中,都要做到言行一致、表里如一。

4. 加强监督

政府和社会应当加强对公务人员社交与家庭礼仪的监督和管理,对违反礼仪规范的行为进行及时纠正和处理。

温馨提示

公务人员的社交与家庭礼仪是其职业素养的重要组成部分,也是展示政府形象、传递政府声音的重要途径。我们应当从自身做起,加强学习、注重实践、树立榜样、加强监督,不断提高自己的礼仪素养,为社会的和谐稳定做出积极贡献。

小贴士　　　　家和万事兴

作为公务人员,家庭礼仪是展现个人修养与家庭和谐的重要场所。在家庭中,请记得多一分耐心倾听家人的心声,少一分急躁与争执。用温暖的话语表达爱意,让家人感受到被重视与关怀。合理安排工作与家庭时间,确保有足够的时间陪伴家人,共同参与家庭活动,增进情感交流。同时,尊重每位家庭成员的意见与习惯,营造包容与理解的家庭氛围。这样,不仅能促进家庭和谐,也能为公务工作带来更加稳定的后方支持。

第二节 公务人员社交礼仪

引言导语

在繁忙的公务活动中，社交礼仪如同一把无形的钥匙，它能够打开合作之门，促进沟通，建立信任。掌握并遵循正确的公务社交礼仪，对于个人和组织的成功至关重要。

经典案例

选择不慎，社交效果大打折扣

王处长在一次社交活动中认识了一位"朋友"李某，没过几天"朋友"李某就来热情邀请王处长参加一个高端聚会，禁不住"朋友"的热情邀请和渲染，同时也被聚会的豪华场所和众多名流的参与所吸引，王处长未经深思熟虑便决定参加了该聚会。

然而，到达聚会现场后，他才发现该聚会虽然热闹，但参与者大多与自己所在行业关系不大，缺乏实质性的交流和合作。他也搞清楚了"朋友"邀请他，主要是想让他介绍某局长承揽一个建筑工程，并承诺事成之后给巨额好处费。王处长一听，心中顿时后悔不已，最后，他找了个机会提前离开，"朋友"还一脸不高兴。

专家解读

公务人员在选择社交场合时，不仅要关注聚会场地和参与者的身份、数量，更要关注聚会的主题、参与者的背景以及与自己业务的关联度等问题。只有精准把握这些因素，才能选择到真正有价值的社交活动。生活中，如遇到上述邀请，公务人员一定要谨言慎行，如果觉得存在潜在的风险，可以礼貌拒绝，以防犯错。

上述案例中，王处长在没有对公务社交场合作认真鉴别与选择时就参加了该聚会。不仅花费了大量时间与无关紧要的人交谈，最终却未能达到预期的社交效果，而且还让"朋友"不高兴，如果深入交流下去，甚至还可能违反机关规定，值得大家警惕和借鉴。

要点综述

做好公务社交礼仪，我们需要关注以下几个要点。

一、明确目标

在选择社交场合前，应该明确自己的目标和需求，有助于我们更加有针对性地选择适合的社交场合。如交流工作经验、拓展业务范围、建立合作渠道等。

二、了解场合

在选择社交场合时，我们应该充分了解参加场合的性质、规模、目的、形式、参与者等相关信息，这有助于我们判断场合是否与自己的业务需求相匹配。

三、评估价值

在选择社交场合时，我们应该评估其潜在价值和风险，如能否真正拓展业务，促进良好合作和工作交流等，这有助于我们做出正确的选择。

四、提高警惕

在参加社交场合时，我们应该保持警惕，遵守国家相关规定，避免被无关紧要的交流所干扰。我们应该将注意力集中在与自身业务相关的交流和合作上，否则容易引起麻烦，甚至有可能犯错误。

五、保持灵活

在参加社交活动时，我们要保持灵活的心态，根据现场情况及时调整自己的社交策略。如果发现场合与自己预期不符，可以及时礼貌退出或调整自己的参与方式。

温馨提示

在公务社交中,场合的选择与鉴别是一个比较具有挑战的过程。我们应该保持敏锐的观察力和判断力,不断学习和总结经验教训。同时,我们也要保持开放的心态和积极的态度,主动与不同领域的人士交流学习,从而不断提升自己的社交能力和业务水平。

小贴士　　　　社交也应有距离

在社交场合中,尊重他人的个人空间至关重要。无论是站立交谈还是共同用餐,都应保持适当的距离,避免过于亲近或侵犯对方的私人领域。这不仅体现了对他人的尊重,也能让彼此在舒适的环境中交流。同时,在倾听他人讲话时,应全神贯注,避免分心或打断,展现自己的礼貌与尊重。在表达意见时,也应以温和的语气和礼貌的措辞进行,避免使用冒犯或贬低他人的言辞。这样的社交礼仪不仅有助于建立良好的人际关系,还能让自己在社交场合中更加受到欢迎和尊重。

第三节 公务人员社交礼仪"五不"原则

引言导语

在纷繁复杂的社交环境中,公务人员作为国家形象的代言人,其行为举止不仅关乎个人名誉,更直接影响到政府形象和公信力。因此,在参与各类社交活动时,应遵循不该说的话不说、不该去的地方不去、不该拿的礼物不拿、不该吃的东西不吃、不该交的人不交的"五不"原则,更好地把握社交尺度,显得尤为重要。

经典案例

越界之交,信誉受损

某市规划局张副局长在一次私人聚会上,偶遇了一位自称是某知名地产公司高管的李先生。李先生对张副局长表现出了极大的热情,并多次邀请其参加各类高端社交活动。

起初,张副局长出于礼貌与好奇,接受了李先生的邀请,并开始频繁出席各种场合。在这些场合中,李先生总是有意无意地提及一些城市规划的敏感信息,并暗示张副局长在政策制定上给予"关照"。同时,李先生还多次赠送高档礼品给张副局长,从名表到艺术品,应有尽有。刚开始,张副局长还能保持警惕,拒绝透露工作机密,并婉拒了部分贵重礼物。但随着时间的推移,他逐渐被李先生的热情和"诚意"所打动,开始放松了警惕。在一次私下交谈中,他甚至透露了即将出台的一项重要规划信息。

不久之后,该规划信息被泄露并引发了社会广泛关注。媒体和公众纷纷质疑规划局的公正性和透明度,张副局长的行为也被曝光并受到调查。最终,他因违反纪律被给予处理,不仅个人名誉扫地,也严重影响了政府部门的公信力。

专家解读

上述案例中,张副局长的案例是公务人员社交礼仪失范的典型代表。公务人员在社交场合中应当时刻保持清醒的头脑和高度的警觉性,遵循不该说的话不说、不该去的地方不去、不该拿的礼物不拿、不该吃的东西不吃、不该交的人不交的"五不"原则。

"五不"原则不仅是公务人员社交活动的底线和红线,也是维护个人形象和政府公信力的重要保障,更是坚决抵制任何可能损害公共利益和个人形象的基石。

要点综述

一、不该说的话不说

公务人员在社交活动中应遵守职业道德和保密原则,对于涉及工作机密、个人隐私或其他敏感话题应保持沉默或主动回避。同样的道理,不该问的话也坚决不问。

二、不该去的地方不去

公务人员应谨慎选择社交场合和交往对象,避免涉足可能损害公共利益和个人形象的场所。如高档娱乐场所、私人会所等易产生腐败和不良风气的地方应坚决不去。

三、不该拿的礼物不拿

在社交活动中接受礼物时,公务人员应严格遵循相关规定和制度。对于可能影响公正执行公务的礼品、礼金等应坚决拒绝;对于难以推辞的礼物应按规定及时上交或退回。

四、不该吃的东西不吃

公务人员在接受宴请时应保持清醒和谨慎,避免参与可能影响公正执行公务的宴请活动。对于豪华奢侈、铺张浪费的宴席应坚决拒绝;对于正常的公务接待也应遵守节俭原则,不追求奢华和排场。

五、不该交的人不交

公务人员在社交活动中应树立正确的交友观,避免与可能损害公共利益和个人形象的人员交往。对于涉及利益输送、权钱交易等不法行为的人员应保持警惕和距离；对于真诚正直、有益于工作和生活的朋友则应积极结交并珍惜。

温馨提示

1. 加强自我约束

公务人员应时刻牢记自己的身份和职责，加强自我约束和管理。在社交活动中保持清醒和理智，避免被不良风气所侵蚀和影响。

2. 提高警惕性

面对复杂多变的社交环境，公务人员应提高警惕性和防范意识。对于可能损害公共利益和个人形象的行为和言论要保持高度敏感和警觉，及时采取措施予以纠正和制止。

3. 树立正确的价值观

公务人员应树立正确的价值观和道德观，以人民利益为重，以公共利益为先。在社交活动中积极传播正能量和正面信息，树立良好形象和口碑。

小贴士

1. 提前了解社交对象

在参加社交活动前，公务人员应提前了解社交对象的身份、背景、目的等信息，避免与不明身份或可能损害公共利益的人员交往或接触。

2. 遵守相关规定和制度

公务人员在社交活动中，应严格遵守相关规定和制度要求。如接受礼品需按规定登记、上交或退回；参加宴请需遵守节俭原则等。

3. 寻求专业指导

对于复杂的社交问题和情况，公务人员可以寻求专业人士指导和帮助。如向单位纪检部门或相关专家咨询意见或建议等。

第四节　公务人员家庭教育礼仪

引言导语

良好的家风家教是公务人员培育家庭和谐、子女正直善良和遵守规则的基石。家庭教育礼仪不仅关乎到家庭是否和睦,更是塑造孩子健全人格的重要环节。公务人员作为社会的表率,不仅要在工作中恪尽职守,更要在家庭教育中树立良好的家风家教。

经典案例

家风不正,优越感作祟

张局长在公务场合总是显得趾高气扬,优越感十足。这种工作态度不仅影响了他的工作形象,而且也渗透到了他的家庭教育中。在家中,他认为自己的社会地位和条件高人一等,这个家就靠我撑着,因此常常对家人进行指责和训斥。

在这种家庭氛围下,他的孩子也逐渐养成了骄傲自满、不尊重他人的性格,在学校和亲朋好友中造成了不良影响。

专家解读

张局长在家庭教育中出现的问题,其根源在于自己的优越感作祟,个人缺乏良好家风家教的培育。公务人员应该有正确的价值观,明白自己的职位就是一个工作岗位,是为人民和社会服务的,不应该有高人一等的感觉。同时也应该明白,家庭是社会的基本细胞,家庭教育的质量直接关系到下一代的成长。因此,公务人员应该树立良好的家风家教,以身作则,引导家人及亲属树立正确的价值观。

要点综述

一、树立榜样

公务人员应以身作则，通过自身的言行举止为孩子树立榜样，展现正直善良、遵守规则的品质。要在家庭中遵守礼仪规范，尊重家人、关心家人，尊重家庭成员的意见和感受，展现良好的家庭氛围。

二、培育良好家风

公务人员应引导家人及亲属树立正确的价值观，注重培养家庭成员的品德修养和社会责任感。家庭成员之间要相互尊重、相互支持，共同营造一个充满正能量的家庭环境。

三、摒弃优越感

公务人员应该充分认识到，自己的工作就是一种职业，不将职务和地位作为炫耀的资本，应摒弃在社会上的优越感。在家庭教育中，要教育子女尊重他人、平等待人，不因家庭条件优越而自高自大。

四、引导遵守规则

公务人员要教育子女遵守社会规则和法律法规，共同制定明确的家庭规则，培养孩子的规则意识和法治观念，这些规则可以包括生活习惯、行为举止、社交礼仪等方面，有助于培养孩子的自律意识和责任感。同时，家庭成员也要共同遵守家庭规则，以维护家庭秩序的和谐。

五、关注子女成长

公务人员应该关注子女的成长过程，及时发现和纠正子女的不良行为。同时，也要鼓励子女积极参与良好社交活动，培养子女规范的社交能力和团队协作精神，很好地融入社会。

温馨提示

公务人员在家庭教育中要注重培养良好家风家教，以身作则、树立榜样。要摒弃优越感、引导家人及亲属树立正确价值观，做正直善良、遵守规则的人。同时，也要关注孩子的情感需求和心理变化，及时给予关爱和支持。这样不仅能够促进家庭和谐，还能够为孩子的健康成长奠定坚实的基础。

第五节　公务人员家庭关系礼仪

引言导语

家庭,作为社会的基本单元,不仅是情感的港湾,也是个人品德修养的摇篮。对于公务人员而言,良好的家庭关系不仅是个人幸福的源泉,更是职业生涯稳健发展的坚实后盾。因此,掌握并践行家庭关系礼仪,对于公务人员来说至关重要。

经典案例

一次误解引发的家庭危机

赵某是某市直机关的一名中层干部,由于工作繁忙,经常加班至深夜,所以,导致陪伴家人的时间越来越少。

一次周末,原本答应陪妻子和孩子参加学校亲子活动的赵某,又因临时接到紧急任务而爽约。妻子李女士对此感到十分不满,认为赵某只顾工作不顾家庭,两人因此发生了激烈的争吵。赵某认为自己的辛苦是为了给家人更好的生活,而李女士则认为陪伴比物质更重要。争吵中,双方言辞激烈,互不相让,最终导致了长期的冷战和家庭氛围的紧张。

专家解读

家庭是社会的细胞,公务人员作为社会的管理者和服务者,更应该在家庭中树立良好的榜样,管理好自己的家庭。在家庭关系中,尊重、理解、沟通是三大基石。公务人员应当学会倾听家人的想法和需求,及时表达自己的关爱和歉意,通过积极的沟通来化解矛盾,增进家庭成员之间的理解和信任。

上述案例中的赵某,虽然工作勤勉,却因忽视了家庭关系礼仪,特别是沟通与交流的重要性,导致了家庭矛盾的激化。公务人员在工作之余,应当更加注重与家人的情感交流，合理安排工作与家庭的时间，避免因工作而忽视家人的感受，从而导致了家庭关系的紧张。

要点综述

一、尊重与理解

在家庭生活中，公务人员应尊重每一位家庭成员的意见和感受，理解彼此的不易和付出。面对分歧时，应保持冷静和耐心，以开放的心态去倾听和理解对方。

二、有效沟通

沟通是维系家庭关系的桥梁。公务人员应学会与家人进行有效的沟通，不仅限于日常生活的琐碎交流，更要关注彼此的情感需求和心灵成长。通过沟通增进了解，化解误会，促进家庭和谐。

三、时间管理

合理安排工作与家庭的时间分配是公务人员需要掌握的重要技能。尽管工作繁忙，但也要尽量抽出时间来陪伴家人，抛弃那些无效的社交，积极参与家务劳动和家庭其他活动，共同创造美好的家庭生活。

四、角色定位

公务人员既是职业人也是家庭成员。所以，应根据不同的场合及时转换角色。在家庭中，要积极承担自己家庭角色的要求和义务，以满足家庭成员和家庭生活的要求，随时调整自己的言行举止，展现相应的责任与担当。

五、情感表达

在家庭关系中，情感表达至关重要。公务人员应学会通过言语、行动或礼物等方式向父母、配偶、子女及其他家人表达自己的爱意和感激之情，让家人感受到温暖和幸福。

温馨提示

在家庭生活中除以上要点外，还应该注意以下细节：

1.建立家庭规矩。与家人共同制订家庭规矩和计划，明确各自的责任和义务，共同维护家庭秩序与和谐。

2.保持耐心与包容。面对家庭矛盾时保持冷静和耐心，多从自己身上找问题，以包容的心态去理解和接纳对方的不同观点和行为。

3.培养共同兴趣。与家人一起培养共同的兴趣爱好和话题，增进彼此之间的情感交流和互动。

4.注重细节关怀。关注家人的日常需求和感受，通过细节关怀来表达自己的爱意和关心。

> **小贴士**　　　　　**家庭和睦的金钥匙**
>
> 　　家庭和睦，是每位公务人员心之所向。掌握家庭教育礼仪，便是开启这份和谐的金钥匙。在日常相处中，请多一份耐心与理解，用温柔的语气交流，避免无谓的争执。定期安排家庭活动，增进成员间的情感联系，让爱成为家中的主旋律。同时，尊重每位家人的个性和选择，展现包容之心，让家成为最温暖的港湾。记住，家庭教育礼仪不仅仅是形式，更是爱的传递与维系，它能引领我们走向更加和谐美满的生活。
>
> **做家庭和谐的引导者**
>
> 　　1.定期家庭会议。定期组织家庭会议，讨论家庭事务与计划，增进家庭成员之间的沟通和协作。
>
> 　　2.共同参与家务。与家人一起分担家务劳动，体验彼此的不易和付出，增进彼此之间的理解和尊重。
>
> 　　3.情感表达小技巧。通过写便签、制作相册或安排意外惊喜等方式来向家人表达自己的抱歉和感激之情。
>
> 　　4.自我反思与成长。经常反思自己在家庭关系中的表现和不足之处，努力提升自己的家庭关系处理能力和情感智慧。

第十二讲　公务涉外礼仪

导语： 随着我国综合国力的持续增强，我国在国际上的地位不断提高。目前，我国已与180多个国家建立了正式外交关系，来访的外国客人越来越多。

近年来，国际形势发生重大变化，国际关系迅速发展，各国更加注重"务实外交"。在对外交往活动中，公务人员应维护国家利益，坚守国格人格、严格执行外事纪律，尊重各国法律规定及文化习俗，熟悉外事礼仪，按照国际惯例和我国优良的礼仪传统，组织好迎送工作和宴请活动，妥善安排会见与会谈，重视国际礼宾次序，既要展示国家形象及组织形象，也要体现良好的个人风貌和行为素养，从而增进我国人民与世界各国人民的友好情谊。

第一节 "外事无小事"

引言导语

周恩来总理作为新中国外交事业的开创者和第一位外交部长,其卓越的外交风范一直为世人所称道,他提出的"外事无小事"这句名言更是家喻户晓。

在外事活动中,有些看似很小的事情,处理得当与否,效果会截然不同,有时甚至会对外事活动产生很大的影响。周恩来总理就特别注意外事活动中的点点滴滴,这一点在外交档案中有很多记载。

经典案例

"座次"和"菜单"的学问

1955年,印度尼西亚总理应邀访问中国。按照日程安排,周恩来总理兼外长要为他们举行招待会。外交部礼宾司协同有关单位对宴会的座次安排和菜单反复推敲和调整后,呈送给周总理审阅。周总理阅后说:"你们请了民主党派人士作陪,请他们发挥特长,做做外交工作很好。但安排好主宾的同时,必须兼顾中方陪同人员的相应安排。要避免'一人向隅,满座不欢'。"原来礼宾司的安排中,偏重考虑如何安排好印尼总理一行,对中方陪同人员的座次安排考虑不够。审定菜单时,周恩来总理问:"对印尼客人的生活习惯、饮食偏好是否做过调查?菜单不能'一厢情愿',一定要有的放矢。"后来菜单做了调整,让客人有宾至如归之感。[①]

专家解读

安排座次、安排菜单,这些不是不起眼的"小事",而是外事中

---

① 资料来源:张兵,《周恩来的外交点滴:"外事无小事,遇事多请示"》,载于《湘潮(上半月)》2015年第7期。

的"大事"。我们都知道周恩来总理的"乒乓外交""烤鸭外交""茅台外交",这些被称为"三大外交策略",都体现出总理的外交智慧。从上述案例中,我们可以感受到总理对安排座次、安排菜单这类看起来不起眼的"小事"的亲力亲为及谨慎用心。座次安排不仅考虑客方礼仪需要,也要考虑到我方陪同人员的感受;菜单安排要提前做好调研,照顾客方的需求和倾向,不能"一厢情愿",想当然。"外事无小事",在国与国之间的交往中,事事都是大事,事事需要用心,周总理从点滴小事中给我们做了很好的榜样。

要点综述

了解世界各国的禁忌

1. 言行禁忌

严禁用手指人、相距过近、与对方交谈时频频看表。严禁谈论他人履历、工资收入、私人财产。

2. 拍照禁忌

凡在边境口岸、机场、博物馆、住宅私室、新产品与新科技展览会、珍贵文物展览馆等处,严禁随意拍照或录视频,拍照或录视频需要经过主办方同意。通常情况下,切忌给不相识的人(特别是女子)拍照。

3. 商业往来禁忌

(1)与东南亚商人洽谈商务时,严禁跷起二郎腿。

(2)阿拉伯国家往往在咖啡馆里洽谈贸易。

(3)同俄罗斯人洽谈时,切忌称呼"俄国人"。

(4)到英国洽谈贸易,切忌系带纹的领带,因为带纹的领带可能被认为是军队或学生校服领带的仿制品。

(5)德国人注重工作效率,同他们洽谈时切忌闲谈。

(6)到南美洽谈,忌穿浅色服装,忌谈当地政治问题。

(7)若给瑞士公司寄信,收信人应写公司的全称,严禁写工作人员的名字,因为如果收信人不在,此信永远也不会被打开。

（8）与芬兰商人洽谈时，应重视行握手礼；谈判地点多在办事处，一般不在宴会上；谈判成功后，芬兰商人会邀请你赴家宴或洗蒸气浴。

（9）到法国洽谈贸易时，不要过多地谈论个人私事，因为法国人不喜欢大谈家庭及个人生活的隐私。

温馨提示

在对外交往中一定要了解对方的禁忌，包括衣食住行、言谈举止、待人接物等方面，尊重对方独有的风俗习惯，这样才能友好、真诚地进行交流、沟通和合作。

小贴士　　日韩社交禁忌

涉外礼仪中，要注意不打搅、影响别人，不随意指责别人或给别人造成麻烦或不便。发表议论与指责别人会被认为缺乏教养。在图书馆、博物馆、医院等公共场所都应保持安静。在隆重的场合，如举行仪式、听讲演、看演出等，要保持肃静。

每个国家有自己不同的礼仪要求和禁忌，要尊重这些礼仪要求和禁忌。比如在日本，不同场合下要注意所使用的词语是否适合。日本人对数字的吉凶概念很敏感，忌讳"4"（与"死"发音同）、"6"（发音为"劳苦"）、"9"（在日语中有一种发音同"苦"字谐音）和"13"。因此，在喜庆场合，及剧场、影院、医院等场所，一般不使用这几个"不吉利"的数字。再如，韩国社会有"尊老"传统。在公共场合，年轻人与年长者打交道，必须表示应有的礼节，无论是认识的还是陌生的，要让座、让道、使用敬语，表示谦恭的姿态。吃饭时，一般要等长辈先动筷，晚辈才能动筷。吃饭时，要安静地坐着吃，不可喋喋不休。进餐时，晚辈不能正面对着长辈喝酒，而应侧身90度左右喝酒。

第二节 涉外礼仪的基本原则

引言导语

涉外礼仪的基本原则包括维护形象、不卑不亢、主权平等、信守约定、入乡随俗、求同存异、热情适度、谦虚适当、尊重隐私、女士优先、以右为尊等。

经典案例

入乡随俗

1979年2月邓小平同志访问美国,来到德州休斯敦骑术表演场。根据当地习俗,一位美国女骑士策马来到邓小平同志面前,把一顶乳白色的牛仔帽献给了他。当时,大家都以为小平同志不会戴,谁知小平同志微笑着接受了这一礼物后,立即戴在头上,同大家一起鼓掌。随后双手频频挥动牛仔帽,向欢呼人群致意,给美国人留下了美好印象。[①]

专家解读

涉外礼仪绝非小事,它代表的是国家形象。因各国文化背景、风俗习惯等均不同,导致在礼节上会千差万别。中国《礼记·曲礼上》也有记载,"入竟而问禁,入国而问俗,入门而问讳",意思是说,到一个国家要了解其法令所禁止的事,到某一都城要知道其习俗所不允许的事,到别人家去要问其家中所忌讳的事。这一点中外古今是相同的,都体现出对东道国、接待方和不同民族、不同文化的尊重。所以对外交往前,首先要充分了解他国最基本的情况,如国情、约定俗成的礼仪规范等,适时调整自己的礼仪行为,做到"入乡随俗"。

[①] 资料来源:中共中央直属机关工作委员会宣传部、中共中央国家机关工作委员会宣传部编著,《机关文明礼仪》,中国大百科全书出版社出版。

在本案例中，邓小平同志的举止，让美国人了解到中国领导人对美国文化习俗的尊重，了解到中国领导人良好的亲民作风，正体现了"入乡随俗"这一涉外礼仪原则。

要点综述

一、讲究仪表与衣帽整洁

1.仪容仪表

男士的头发、胡须不宜过长，应修剪整齐。指甲要经常修剪，一般与指尖等长，不留污垢，保持手部清洁。衣着要整洁笔挺，不能有褶皱，纽扣均应整齐，裤扣不能在室外或公共场合整理。衬衣一般为白色硬领，下摆不露出外套，并放入裤内。礼服、领带或领花应佩戴端正，并备洁净手绢。皮鞋应擦亮。不要在人前做剔牙、抠鼻、掏耳、剪指甲、搔痒等不雅的小动作。也不要在人前打哈欠、伸懒腰、打喷嚏、擦鼻涕、咳嗽，打喷嚏时应用手帕、餐巾纸捂口鼻，面向一旁，避免发出大声响。

女士长发不宜散开，扎成马尾或梳成发髻，可化淡妆。不涂颜色鲜艳的指甲油，保持手部清洁。不穿超短裙和皮裙、皮裤，不穿黑色丝袜。服装颜色不超过三种，大方得体。

2.说话客气，注意身份

说话时神情矜持和蔼，面带微笑。随便与人攀谈是失礼行为，萍水相逢，应在有人介绍后方可交谈。

3.遵守公共秩序

不打搅、影响别人，不随意指责别人或给别人造成麻烦或不便。发表议论与指责别人会被认为缺乏教养。在图书馆、博物馆、医院、教堂等公共场所都应保持安静。在隆重的场合，如举行仪式、听演讲、看演出等，要保持肃静。

4.守时遵约

守时遵约是国际交往中极为重要的礼貌。参加各种活动，应按约定时间到达。与人约会不能失约，不能超时。失约和超时是很不礼貌的行为。

承诺别人的事情不能遗忘，必须讲信用。

二、礼貌用语是礼仪的表现形式，能传达爱心与礼节

（1）"您好、请、谢谢、对不起、再见"在涉外活动中要经常使用。

（2）"请"，几乎任何需要麻烦他人的事情，都应该说"请"。

（3）"谢谢"，只要别人为你做了什么，都应该说声"谢谢"，包括家人或关系密切的朋友。

（4）"对不起"，凡是不小心妨碍或干扰了别人，都要说"对不起"。

（5）"再见"，不仅是同事、朋友、家人之间相互告辞时的礼貌用语，也是陌生人之间接触后相互告辞时的礼貌用语。

三、在涉外活动中，尊重隐私也是重要的礼仪规范

尊重隐私，是坚持以个人为交往对象的礼仪原则，不能侵犯属于个人的空间与领域。如同住一栋房子，各个房间便是每个人自己的天地，不敲门、不经允许，便不能突然闯入。拜访他人家庭或前往他人办公室洽谈，都须预先约定。

尊重隐私，在交谈中应回避涉及个人隐私的任何话题。具体来说，就是要做到"五不问"：一不问年龄；二不问婚否；三不问去向；四不问收入；五不问住址。

四、"Ladies First"即女士第一或女士优先，这是涉外礼仪中很重要的原则

女士优先的核心是要求男士在任何场合、任何情况下，都要在行动上从各个方面尊重、照顾、帮助、保护妇女。在社交场合遵从女士第一的原则，可以显示男子气质与绅士风度。

男女同行时，男子应走靠外的一侧。不能并行时，男士应让女士先行一步。在开门、下车、上楼或进入无人领路的场所、遇到障碍或危险时，男士应走在女士前面。乘坐计程车或其他轿车时，应让女士先上车；下车一般是男士先下，然后照顾女士下车。在门口、楼梯口、电梯口及通道走廊遇到女士，男士应侧身站立一旁，让其先行。在需要开门的场合，男士应为女士开门。

在社交聚会场合，男士看到女士进门，应起身以示礼貌；当客人见到男女主人时，应先与女主人打招呼。

就餐时，进入餐厅入座的顺序是，侍者引道，女士随后，男士"压阵"。一旦坐下，女士就不必再起身与别人打招呼，而男士则需起身与他人打招呼。点菜时，应先把菜单递给女士。女士在接受男士的礼让时，不能过分腼腆与羞怯，应面带笑容道谢。

五、不卑不亢

中国人与外国人交往时要不卑不亢，这也是涉外礼仪的重要原则。涉外礼仪中的不卑不亢原则，最重要的是保持人格平等，因为"卑"和"亢"都是置对方或置自身于不平等位置上的交往态度。"卑"有损自身人格甚至国格；"亢"则显得虚张声势，也有伤对方的自尊。要做到"不卑不亢"，应注意以下几点。

不能对对方有金钱与物质利益上的希望和企图。"心底无私天地宽"，双方的人格就平等了。我方无所企求而心地坦然，对方无须戒备则轻松自如，这样的交往自然分不出尊卑。要有为国家和民族争气的精神，这种精神在涉外交往中尤其重要。

实事求是，不过谦，不说过头话。以宴请为例，中国人请客，即使是相当丰盛的一桌，主人有时也会对客人说："今天没什么好菜，请随便吃点。"这是在自谦。有的国家则相反，不管饭菜质量如何，主人都要自我夸赞，"这是本地最好的饭店"，"这是我的拿手好菜"，目的在于表示诚意。同样，中国人到别人家做客经常客气有余，主人问客人是否再添饭，客人说不用不用，实际上也许并未吃饱。有些国家的人作为宾客赴宴，说不吃不喝时则是真的，绝不是客气。因此，在涉外交往中，客气与谦虚都不能过分。

温馨提示

入乡随俗是涉外交往中的一条很重要的礼仪原则，要尊重对方的风俗习惯与礼仪。由于不同国家的社会制度差异，文化习俗有别，思维方式与理解角度也往往差别较大。因此，每到一个国家或接待来自某一国的客人，都要事先了解该国的礼俗，即使相当熟悉的友人，也应注意基本礼仪。在交往中相互尊重，谨慎行事，不能不拘小节或超过限度。

小贴士　　　　不同的各国习俗

手势礼仪。出国时要了解国外的习俗，避免不必要的误会。例如，翘起大拇指一般被认为是夸奖、点赞，但在澳大利亚有不同的表示。

安全问题。不向他人透露自己的行程，避免晚上单独外出。女性如果白天单独外出，对陌生人的搭讪必须保持警惕，保持安全距离，更不要随便上陌生人的车。

关于吻礼。一般分为两类：一类是亲吻礼，即两人面部接触并以亲吻表达情感的礼节。另一类是吻手礼，是以吻手背表达情感的礼节。在欧美地区，特别是在意大利、法国、荷兰、德国、美国，多喜欢"亲吻礼"，但亲吻礼对象不同，亲吻的范围界限也不同。

行吻手礼时，男女双方相距约80厘米，眼睛注视着对方，男士主动屈膝弯腰向前鞠躬，向女士发出吻手礼的邀请。女士如果愿意，则伸出右手，手心向下，手轻轻向左前方抬起约60度。

行吻手礼仅限在室内，在街道上或在车站、商店等公共场合都不适用。

第三节　公务外事接待礼仪

引言导语

近年来,国际形势发生较大变化,国际关系迅速发展,各国更加注重"务实外交"。在对外交往活动中,应当熟悉外事礼仪,按照国际惯例和我国优良的礼仪传统,组织好迎送工作和宴请活动,妥善安排会见与会谈,重视涉外礼宾次序,从而增进我国人民与世界各国人民的友好情谊。

经典案例

一支烟的损失

某日,一场涉外招商引资盛宴正在某市会议中心热烈召开。金碧辉煌的会场内,各国宾客云集,洽谈声、笑声交织成一片。负责此次会议的赵局长,正聚精会神地听取着各方代表的发言。由于会议时间较长,他的手指不由自主地摸向了口袋,抽出了一支烟。他没有征求任何人意见,便点燃了这支烟。一缕青烟缓缓升起,那呛人的烟味立刻在会议中心弥漫开来。一时间,原本热烈的交谈声渐渐沉寂,取而代之的是人们的窃窃私语声。在场的外宾,特别是女士们,脸上露出了明显的反感。赵局长似乎并未察觉到这个微妙变化,他依旧旁若无人地抽着烟,享受着这一刻的惬意。然而,他不知道的是,正是这一支烟,给他所在的城市带来了无法挽回的损失。那些原本有意合作的外宾,以时机不成熟为由,纷纷婉拒了合作的邀请。

专家解读

在对外交往的舞台上,细致入微的礼仪显得尤为重要,尤其是吸烟这一习惯,更需要审慎对待。我们应当学会从对方角度出发,考虑自己的行为是否得体,特别是当外宾、女士在场时,更应该克制自己的烟瘾。这不仅是对大家的尊重、对环境和场合的尊重,更是展现我们良好修养的一种方式。因此，在对外交往中，要更加注意自己的言行举止，共同营造一个和谐友好的营商环境。

要点综述

一、迎送礼仪

对应邀前来的访问者，无论是官方人士、专业代表团，还是民间团体、知名人士，在他们抵离时，均应安排相应身份人员前往机场（车站、码头）迎送。对长期在本国工作的外国人士、外交使节、外国专家等，当他们到任和离任时，各有关方面亦应安排相应人员迎送。

二、会见与会谈

1. 会见与会谈的特点

会见的性质有礼节性的、政治性的、事务性的，或两者兼而有之。其中，礼节性会见时间较短，话题较为广泛；政治性会见一般涉及双边关系、国际局势等重大问题；事务性会见一般涉及外交、经贸、科技文化交流等。会谈是指双方或多方就某些重大的政治、经济、文化、军事等问题及其他共同关心的问题进行磋商，交换意见。一般来说，会谈的专业性较强。

2. 会场布置与座位安排

会场的座位安排有多种形式，有宾主各坐一方的，也有宾主穿插坐在一起的。但通常安排主宾、主人坐在面对正门位置，主宾座位在主人右侧，其他客人按礼宾顺序在主宾一侧就座，主方陪同人员在主人一侧就座，译员、记录员通常安排在主人和主宾的后面。

3. 会见与会谈的程序

会见与会谈的安排程序大体一致。

（1）提出会见要求的一方，应将要求会见人的姓名、职务，以及会见什么人、会见的目的告知对方。接见一方应尽早给予回复。如因故不能接见，应婉言解释。

（2）接见方应及时将会见的时间、地点、主方出席人员、具体安排及有关注意事项通知对方。会见方则应主动向对方了解上述情况，并通知有关出席人员。

（3）双方均应准确掌握会见的时间、地点。主方应先于客方到达会场。客人到达时，主人应在门口迎候。

（4）宾主计划合影，要事先排好合影图。人数众多时，应准备合影架子。合影时，主人和主宾居中，以主人右侧为上，按礼宾次序，主客双方间隔依次排列。通常安排主方人员站在两端。

（5）会见或会谈结束时，主人应送客人至车前或门口握别，目送客人离去后，再退回室内。

一般官员、民间人士的会见，安排大体同上，要事先申明来意，确定时间、地点，准时赴约。而礼节性的会见，不宜时间过久，半小时左右即可告辞。

4.约请

约请分为口头约请和书面约请两种。口头约请，即当面或打电话将活动目的、时间、地点告诉对方。书面约请分为发请柬（亦称"请帖"）和发便函两种。请柬一般提前一周至两周发出，以便被邀请人及早安排。已经口头约请的活动，补送请柬时，在请柬右上方或下方注上"To-remind"（备忘）字样。需安排座位的活动，请柬上一般用法文缩写注上R.S.V.P.（请答复）字样。如只需不出席者答复，则可注上Regrets only（因故不能出席者请答复）。请柬内容包括活动的目的、时间、地点等。中文请柬行文不用标点符号，所提到的人名、单位名、节日名称都应用全称。中文请柬行文中不提被邀请人姓名（其姓名写在请柬信封上），主人姓名（如以单位名义邀请，则用单位名称）放在落款处。请柬信封上被邀请人的姓名、职务书写要准确。如所举办的活动对服装有要求，应注明是正式服装还是便服。如已排好座次，应在请柬信封右下角注明。

温馨提示

1.迎送身份高的客人，事先在机场（车站、码头）安排贵宾休息室，准备茶水或饮料。

2.安排汽车，预订住房。如有条件，在客人到达之前将住房和乘车号码通知客人。如果做不到，可将住房、乘车表等信息提前打印好，在客人刚到达时，及时发到每个人手中，或通过对方的联络秘书转交。这既可避免混乱，又可以使客人心中有数，主动配合。

3.指派专人协助办理出入境手续及机票（车、船票）和行李提取或托运手续等事宜。重要代表团，人数众多，行李也多，应将主要客人的行李先取出（最好请对方派人配合），及时送往住地，以便更衣。

4.客人抵达住处后，一般不要马上安排活动，应稍作休息，给对方留下更衣时间。

小贴士　　　　**欧洲国家礼仪和禁忌**

俄罗斯：俄罗斯人喜欢邀友小聚。应邀做客要准时赴约。进屋先脱外套和帽子等，向女主人鞠躬问好，并向男主人和其他人问好。送礼要及时，礼品应因人因事而异。送花一般要送单数，最好是三、五、七枝。

德国：德国人不尚空谈，待人接物以诚恳为礼。交谈时要看着对方的眼睛。讲话应慢条斯理，吐词清晰。忌吹牛、说大话，不承诺自己办不到的事。谈话时，两手忌插衣袋，更不能对人指手画脚。当对方反驳自己意见时，忌急躁、恼怒。

法国：在法国通行握手礼，进入法国人的办公室，要与所有在场者一一握手。但男女见面时，男士要待女士先伸出手后才能与之相握。男士与女士握手时应脱去手套，女士则不必。法国奉行"女士优先"原则，在公共场合大多数男士都能礼貌地对待每一位女性。

英国：在英国应邀赴茶会或做客时，要注意衣着整洁，准时到达。入门前先敲门或按电铃，经允许方可进门。若是礼节性拜访，客人一般不宜久留。交谈中，忌询问别人的私事。

第四节　公务出国访问礼仪

引言导语

如今，出国成为平常事，出国人数每年都在增长。我们在看世界的同时，世界也通过我们在看中国。一旦走出国门，每个人都是国家的"名片"，都是中国形象的代言人。在外国人面前我们代表中国，应体现出中华民族礼仪之邦、文明古国的应有风范，向世界展示文明中国、礼仪之邦的自信和风采。

经典案例

亲吻的尴尬

《信息时报》曾报道，某合唱团在莫斯科大学礼堂演出结束后，该校新闻系主任上台，礼节性地亲吻演员的右手以表示祝贺。其中，一个小女孩被亲吻时急忙把手抽了回来，放在身后使劲擦，足足擦了一分钟，这让对方十分尴尬。[①]

专家解读

在涉外交往中，要注意吻礼的礼仪要求，避免尴尬。女士如果愿意接受吻手礼，则伸出右手，手心向下，手轻轻向左前方抬起约60度。男士则抿住唇部在女士手背上轻吻一下，再将手缓缓松开。如果女士不伸手，则不宜行吻手礼。如果女士在行吻手礼后有擦手的动作，则表现为对行礼男士不够尊重。

不过案例中"当面擦手"的小演员对"吻手礼"这一礼节并不了解，只是出于中西文化差异，感到不习惯，才会使劲擦手，这恰恰证明了"中国习俗"与"西方习俗"两种不同的表达。所以，对此种情况不能上纲上线，简单将小演员的"擦手"行为评价为对教授不够尊重。

---

① 资料来源：央视国际 www.cctv.com，2007 年 8 月 3 日。

要点综述

一、时间观念不能马虎

大部分的西方人认为时间是生命,浪费时间就是浪费生命,对时间的看重,就是对生命的尊重。在国外,如果想拜会他人,一定要提前预约,预约时间通常在一周以上。没有预约突然拜访或临时约请对方,对方一般会拒绝你,并很容易对你产生不好的印象。

二、不可盲目提供帮助

在国外一些国家,对"尊老"的观念不尽相同。比如,公交车上给老人让座,搀扶老人过马路等,并不是受欢迎的行为。和女士一起参加社交活动,应为女士提供必要的帮助,比如上下楼梯时主动伸手让同行女士扶握,即使没有特殊关系,也可以这样,这是绅士风度。

三、站姿要挺拔直立,坐姿要端庄得体

良好气质的站姿是挺胸、抬头、收紧腹部、两肩平齐。女士可以双手相握、右手放在左手上叠放于小腹前,或双手自然下垂,两脚跟并拢或两脚呈"V"状分开,双脚分开站立时宽度不超过肩宽。男士坐时膝部可以自然分开,宽度不过肩宽;身体端正,不能半躺在椅子或沙发里面。女士坐时应双膝并拢,一般坐椅面的2/3左右为宜。为表示重视,交谈时不仅要面向对方,而且上身应朝向并向对方微倾。

四、着装礼仪有讲究

在国际交往中,男士正装一般是西装。单排扣西装比双排扣西装更普及,单色为佳。一般场合穿两件套西装,即西裤、西装上衣是一套,参加高层次的活动时可穿三件套,即西装里面还穿一件马甲。西装上衣的最佳长度,手臂向前伸直时,衬衫袖子能露出西装外套袖口的1厘米~2厘米。

国际上更认可裙装为女士正装。套裙是正装首选。裙子最短不短于膝盖以上15厘米,夏天应内穿衬裙,衬裙颜色可以接近或浅于外裙的颜色。

五、正式场合发言礼仪

被邀请发言时,应礼貌地向对方表示感谢后欣然接受,这时候不必再推辞、客套。发言时,不用再在称呼上说"尊敬的……",可以直接说"女

士们、先生们……"。首先要开宗明义地感谢对方,言简意赅,一两句话即可。忌讳用"好像""大概""可能"等模棱两可的词语,因为会让听众觉得这是在浪费大家的时间。发言是为了谈问题或提出办法,所以发言时应该尽快进入实质问题。时间就是金钱,不能寒暄不止、本末倒置。

温馨提示

国外大部分国家的人都很在意自己的度假时间,所以因公出国都应提前了解并避开所去地区的法定假日时间。

小贴士　　　　对外宾的称谓

称呼的原则,一是对高职位的人员以职衔相称。不要随意将副职的"副"去掉,曾担任某职务的"前"字要加在适当位置,多个职务要注意前后排序。二是对医生、教授、法官、律师以及有博士等学位的人士,可突出学历、职称等资历和荣誉称号。比如单独称"医生""教授""法官""律师""博士"等,同时可以加上姓氏,也可加先生。对军人一般称军衔,或军衔加先生,知道姓名的可冠以姓名,如"上校先生"等。有的国家对将军、元帅等高级军官称"阁下"。三是尽量使用敬语。

使用敬语有四种情况:一是常用的有先生、女士、小姐。这些敬语还可以与姓名、职称、官衔相联系,比如总统先生、总理先生等。二是对地位高的官方人士(一般为部长以上的高级官员),按国家情况称"阁下"、职衔或先生。如"部长阁下""总统阁下""主席先生阁下""总理阁下""总理先生阁下""大使先生阁下"等。三是对君主制国家,按习惯称国王、皇后为"陛下",称王子、公主、亲王等为"殿下"。四是对社会主义国家的外宾,可称"同志"。

🔊 小贴士　　　　　外国礼节介绍

拥抱礼：右手扶对方左肩，左手扶在对方腰间，按各自的方位，两人头部及上身向左相抱，然后头部及上身向右相抱，再次向左相抱后礼毕；贴脸时为先右边，后左边，再右边。

亲吻礼：通常长辈亲吻晚辈额头，晚辈亲吻长辈面颊，同辈之间贴脸。男子对尊贵的女宾行吻手礼，即女士手背朝上，男士将手背托起亲吻，以示尊敬。

合十礼：亦称合掌礼。以双手手掌十指相合于胸部正前方，指尖向上，手掌大体与鼻尖持平，手掌整体向外倾斜，上身微欠、低头。行礼时，一般应立正不动。

鞠躬礼：先立正脱帽，双目正视交往对象，面向对方，上身弯腰前倾。通常男士将双手贴放于两侧裤线之处，女士双手应在下垂后搭放于腹部。

脱帽礼：戴制服帽者，通常应双手摘下帽子，以右手执之，端在身前。戴便帽者，可右手完全摘下帽子，也可右手微微一抬帽沿代之。

抚胸礼：上身稍许前躬，眼睛注视交往对象或目视正前方，头部端正或微微抬起，以右手手掌心向内、指尖朝向左上方，然后将其抚按左胸前。

阅读笔记

阅读笔记

阅读笔记

后 记

随着这本《一本书学会公务礼仪》的付梓出版，我们内心的喜悦与感激之情难以言表。这不仅是一本书的诞生，更是很多人智慧与汗水的结晶。在编撰此书的过程中，我们深刻体会到了"众人拾柴火焰高"的真谛。

我们衷心感谢人民日报出版社精心策划和指导，向所有辛勤耕耘的作者致以真诚的敬意和谢意。同时，还要感谢王玉飞、袁晓茉、许琪岩、杜依诺、郎思淇、丁宁、杨雪等几位朋友，他们不仅以专业的眼光和精湛的技术参与了书中图片的拍摄、示意图绘制，还在后期制作中倾注了大量心血。每一幅图片的拍摄、制作、选择和每一个细节的雕琢，都凝聚着他们的智慧与汗水。正是有了他们的无私奉献，才使本书图文并茂、生动形象地展现在读者面前。

我们还要感谢所有在编撰过程中给予帮助和支持的朋友和家人。是你们的鼓励与陪伴，让我们在面对困难和挑战时能够坚持不懈、勇往直前。每一次的讨论与交流，都让我们受益匪浅；每一次的修改与完善，都让这本书更加贴近读者的需求。

最后，特别感谢读者朋友们！是你们的关注与期待，给了我们创作的动力与信心。我们相信，《一本书学会公务礼仪》将会为更多人在公务场合展现良好的礼仪风范、提升个人魅力提供有益指导和帮助。愿我们共同努力，让礼仪之光照亮职场之路，共创和谐美好的未来。

编者

2024年8月